OLTRE LE PAROLE

Il Segreto del Successo attraverso
il Linguaggio del Corpo

Jolanda Lori

Independently published

Caro lettore,

È con immenso piacere e gratitudine che ti do il benvenuto in questo viaggio straordinario nel mondo affascinante e spesso trascurato del linguaggio del corpo. Spero che tu possa percepire la mia gioia nel condividere con te "Oltre le Parole: Il Segreto del Successo attraverso il Linguaggio del Corpo".

Questo libro è il frutto di una lunga e appassionante ricerca, ma ancor più importante, è il risultato di una convinzione profonda nel potere della comunicazione non verbale. Condividerlo con te è un onore, perché so che stai intraprendendo un viaggio di scoperta, e insieme, esploreremo le infinite sfaccettature di come il corpo comunica ciò che le parole spesso non riescono a esprimere.

Mentre immergi le tue pagine in queste parole, desidero che tu possa sentirne l'autenticità e la dedizione. Questo libro non è solo una raccolta di informazioni, ma un invito a guardare oltre ciò che si vede superficialmente. È un invito a comprendere che il corpo è un linguaggio eloquente che può rivelare tanto quanto può nascondere.

Ti chiedo di lasciare ogni aspettativa alla porta e di abbracciare l'opportunità di apprendimento e crescita che questo viaggio offre. Spero che tu possa cogliere i dettagli intricati che rendono il linguaggio del corpo un'arte sottile e potente.

Ricorda che questo libro è un compagno, un alleato nella tua ricerca di connessione più profonda e di successo più pieno. Che tu stia iniziando un nuovo capitolo nella tua vita o cercando nuovi modi per migliorare le tue relazioni, spero che le pagine di questo libro diventino una risorsa preziosa per te.

Infine, vorrei esprimere la mia gratitudine per il tuo tempo e la tua fiducia. La condivisione di questo viaggio con te è un privilegio, e spero che alla fine di questa avventura tu possa portare con te nuove intuizioni, consapevolezze e, soprattutto, un rinnovato senso di connessione con il mondo che ti circonda.

Buon viaggio, caro lettore, e che le pagine di "Oltre le Parole" ti siano illuminanti e ispiratrici.

Con affetto,

Jolanda Lori

"Nel linguaggio del corpo, troviamo la sinfonia silenziosa dell'anima, una partitura inesplorata che racconta storie senza parole, dove ogni movimento è una nota che rivela il nostro vero sé."

JOLANDA LORI

SOMMARIO

INTRODUZIONE

Benvenuto in un viaggio che ti porterà al di là delle parole, in un territorio sconosciuto ma affascinante: il linguaggio del corpo. In questo libro, esploreremo insieme le intricate e sottili sfaccettature di come il nostro corpo comunica, rivelando e nascondendo verità, emozioni, desideri e intenzioni.

L'idea alla base di questa esplorazione è potente: immagina di possedere la capacità di leggere la mente attraverso il linguaggio del corpo. Pensaci per un momento. Immagina di poter percepire gli stati d'animo degli altri, di cogliere la verità dietro le parole pronunciate e di comprendere le sfumature sottili di ogni interazione. Questo non è un superpotere da un fumetto, ma una capacità reale e accessibile a chiunque sia disposto a esplorare i meandri del linguaggio del corpo.

La comunicazione non verbale, che comprende gesti, espressioni facciali, posture e movimenti, costituisce il 93% di come ci esprimiamo l'uno con l'altro. Eppure, quanti di noi prestano attenzione a questa straordinaria forma di espressione? Questo libro è una chiamata all'attenzione, una richiesta di esplorare il vasto e inesplorato mondo del linguaggio del corpo che spesso ignoriamo.

Nel corso di queste pagine, ci immergeremo in una varietà di temi, dalla comprensione delle microespressioni facciali alla rivelazione dei segreti nascosti nelle posture delle gambe e dei piedi. Scopriremo come il sorriso può diventare una potente arma persuasiva e come la distanza tra le persone riveli tanto quanto le parole stesse.

Ma questo libro non si limita a descrivere i segni; offre un percorso pratico per padroneggiare il linguaggio del corpo. Troverai esercizi che ti consentiranno di sperimentare direttamente il potere di questo linguaggio, trasformandolo da concetto astratto a abilità tangibile.

"Oltre le Parole" è più di una guida; è un invito a diventare consapevoli e competenti nel linguaggio del corpo. È un invito a osservare, apprendere e mettere in pratica ciò che scopriremo insieme. Durante questo viaggio, ti incoraggio a liberarti da preconcetti e a lasciarti trasportare dalla scoperta di una nuova forma di comunicazione che arricchirà la tua comprensione del mondo che ti circonda.

Inizia questo viaggio con mente aperta e cuore curioso. Esplora le pagine di "Oltre le Parole: Il Segreto del Successo attraverso il Linguaggio del Corpo" con l'entusiasmo di un esploratore, pronto a scoprire terre inesplorate della comunicazione umana.

Siamo pronti a partire? Buon viaggio!

PREFAZIONE

Attraverso le pagine di questo libro, ti invito a immergerti in un viaggio straordinario, un'esplorazione del linguaggio del corpo che va oltre la superficie delle parole. Non è solo un manuale, ma una guida appassionata alla scoperta di un mondo sottile e potente, un linguaggio universale che tutti noi parliamo, spesso senza rendercene conto.

In un'epoca dominata dalla frenesia della comunicazione digitale, dove le parole scorrono ininterrottamente attraverso schermi luminosi, il linguaggio del corpo rimane un protagonista silenzioso e potentemente eloquente. È il modo in cui ci esprimiamo quando le parole faticano a farlo, quando le emozioni si fanno intense o quando desideriamo creare connessioni autentiche.

Questo libro è nato dalla convinzione che comprendere il linguaggio del corpo è una chiave per svelare molteplici dimensioni della nostra esistenza. Attraverso una ricca varietà di argomenti, ti guiderò nella comprensione di gesti, sguardi, posture e movimenti, svelando il significato dietro ogni espressione.

Mentre ti addentri in queste pagine, considera il linguaggio del corpo come una forma d'arte, una danza invisibile che plasmiamo ogni giorno. Scoprirai come il tuo corpo può diventare un alleato potente, un mezzo attraverso il quale trasmettere fiducia, empatia, autenticità e persino persuasione.

Nel corso di questo viaggio, ti offrirò non solo informazioni e dati, ma anche esercizi pratici che ti consentiranno di sperimentare direttamente il potere del linguaggio del corpo nella tua vita quotidiana. Ogni capitolo è progettato per portarti un passo più vicino alla padronanza di questo strumento sottile, offrendoti nuove prospettive e competenze che possono trasformare la tua comunicazione.

È importante notare che il linguaggio del corpo non è un'arte rigida e statica, ma una forma fluida e adattabile di espressione umana. È un viaggio senza fine di apprendimento e scoperta. Quindi, prenditi il tempo di assorbire, riflettere e mettere in pratica ciò che scoprirai qui. Spero che questo libro ti ispiri a guardare oltre la superficie delle parole e a comprendere il ricco panorama del linguaggio del corpo che ci circonda.

In conclusione, ti invito a lasciarti trasportare dalla bellezza di questo linguaggio universale. Che questo libro diventi per te una risorsa preziosa, una chiave che apre porte nascoste e che ti accompagna in un viaggio di consapevolezza e connessione più profonda con te stesso e con gli altri.

Buon viaggio attraverso le pagine di "Oltre le Parole: Il Segreto del Successo attraverso il Linguaggio del Corpo".

Con affetto,
Jolanda Lori

PROLOGO

C'è un mondo sottostante, un reame di segreti sussurrati e verità svelate, dove ogni movimento, ogni espressione è parte di un linguaggio universale. È il linguaggio del corpo, una sinfonia silenziosa che danza tra le righe delle parole, un viaggio nei recessi più profondi dell'esistenza umana. Benvenuto in "Oltre le Parole: Il Segreto del Successo attraverso il Linguaggio del Corpo".

Immagina, per un istante, di poter svelare le intenzioni nascoste degli altri, di cogliere le emozioni che si nascondono dietro un sorriso o di riconoscere la sincerità in un gesto. Questo libro è un invito ad avventurarsi in questa terra di scoperta, a esplorare il terreno fertile e ricco di significato del linguaggio del corpo.

Il prologo di questo viaggio ci invita a guardare oltre le parole, a riconoscere che la comunicazione non verbale è una forza potente che permea ogni interazione umana. È un'arte che, quando compresa e padroneggiata, può diventare un faro guida nel labirinto delle relazioni umane.

Attraverso le pagine di questo libro, scopriremo insieme le molteplici sfaccettature del linguaggio del corpo. Non è solo un modo per interpretare il comportamento degli altri; è un mezzo per comprendere meglio noi stessi. Ogni gesto, ogni espressione riflette il nostro stato d'animo, le nostre paure, i nostri desideri, e imparare a leggere questo linguaggio ci consente di svelare i misteri che altrimenti rimarrebbero sepolti.

Questo prologo è un invito a sintonizzarsi sulla frequenza del linguaggio del corpo, a riconoscere la ricchezza delle informazioni che ogni gesto porta con sé. Attraverso le pagine che seguiranno, esploreremo la lingua del corpo in tutte le sue forme, dalla potenza delle microespressioni facciali alla danza sottile delle mani e dei piedi.

Ma non temere, questo viaggio non è solo teoria e analisi; è un percorso pratico che ti guiderà attraverso esercizi e approcci tangibili. Sarà un'esperienza di apprendimento dinamica e coinvolgente, una passeggiata attraverso il teatro della comunicazione umana, dove il corpo è protagonista.

Accompagnami, quindi, in questo viaggio attraverso il linguaggio del corpo. Lascia che ogni pagina sia un passo verso la tua comprensione più profonda, un passo verso una connessione più autentica con il mondo che ti circonda. Questo prologo è solo l'inizio; la sinfonia completa del linguaggio del corpo ti attende oltre le prossime pagine.

Pronto a immergerti nell'arte silenziosa ma potente della comunicazione umana? Il sipario si apre, e il tuo viaggio inizia ora. Buon viaggio!

CAPITOLO 1: L'INCREDIBILE POTERE DELLA LETTURA MENTALE

Il potere della lettura mentale è una capacità che, se posseduta, potrebbe aprire porte insperate verso la comprensione profonda degli altri e il conseguente raggiungimento di obiettivi precedentemente inimmaginabili. Immaginate un mondo in cui le barriere della comunicazione verbale vengono superate, dove i pensieri più profondi e autentici sono rivelati senza la necessità di esprimerli a voce alta. Questo è il regno affascinante della lettura mentale.

L'Intreccio tra Mente e Intento

Per comprendere appieno il concetto di lettura mentale, dobbiamo innanzitutto esplorare l'intreccio intricato tra mente e intento. La mente umana è una sorgente infinita di pensieri, emozioni e intenzioni, e la lettura mentale cerca di decifrare questo complesso codice. È una forma di sintonia psichica, una capacità di percepire al di là delle parole e dei gesti esterni, penetrando nell'essenza stessa di ciò che una persona sta pensando.

L'obiettivo principale della lettura mentale è quello di acquisire una comprensione più profonda degli altri e delle loro motivazioni. Questa abilità consente di superare le maschere sociali, andando oltre ciò che le persone mostrano apertamente al mondo. Si tratta di un viaggio nell'inconscio altrui, dove i segreti più profondi e le verità nascoste sono svelati.

Gli Obiettivi Straordinari della Lettura Mentale

La lettura mentale apre la strada a una serie di obiettivi straordinari che vanno ben oltre la semplice comprensione delle intenzioni altrui. Uno degli obiettivi primari è la capacità di anticipare le azioni degli altri. Immaginate di poter prevedere le mosse di un interlocutore durante una trattativa commerciale o di percepire le reazioni di qualcuno prima che pronunci una parola. Questa capacità di anticipazione conferisce un vantaggio significativo in varie situazioni, sia sul piano professionale che personale.

Un altro obiettivo rilevante è la creazione di connessioni più profonde e autentiche con gli altri. La lettura mentale permette di superare le barriere della superficialità, creando legami basati sulla comprensione profonda e genuina. Questo aspetto è cruciale nelle relazioni personali e professionali, poiché favorisce la fiducia reciproca e una comunicazione più autentica.

Inoltre, la lettura mentale può essere impiegata per influenzare positivamente gli altri. Comprendere le motivazioni e i desideri più profondi consente di presentare idee e proposte in modo più persuasivo, adattandole alle esigenze e alle aspettative degli interlocutori.

Le Sfide della Lettura Mentale

Nonostante il suo potenziale straordinario, la lettura mentale è intrinsecamente complessa e presenta sfide significative. La mente umana è un labirinto intricato, e la lettura mentale richiede un approccio delicato e attento. L'interpretazione errata delle intenzioni altrui potrebbe portare a conclusioni erronee e compromettere la qualità delle interazioni.

Inoltre, la lettura mentale pone questioni etiche rilevanti. La privacy e il rispetto per gli spazi mentali altrui sono aspetti cruciali da considerare. L'utilizzo improprio di questa abilità potrebbe infrangere confini personali e generare conseguenze negative sul piano sociale e relazionale.

Sviluppare la Capacità di Lettura Mentale

La lettura mentale non è un talento innato per tutti, ma una competenza che può essere sviluppata con pratica e consapevolezza. L'apprendimento delle sfumature della comunicazione non verbale, la comprensione delle espressioni facciali e l'analisi attenta dei modelli comportamentali sono solo alcune delle vie per acquisire questa abilità.

Esistono esercizi specifici progettati per affinare la capacità di lettura mentale, come la pratica della mindfulness e l'osservazione consapevole del comportamento altrui. L'autoconsapevolezza è fondamentale in questo processo, poiché la comprensione di sé stessi è la base per interpretare correttamente gli altri.

Conclusioni: Il Futuro della Lettura Mentale

Il capitolo 1 è solo un punto di partenza nell'esplorazione dell'incredibile potere della lettura mentale. Come apripista, ha gettato le basi per una comprensione più profonda della connessione tra mente e intento, degli obiettivi straordinari che la lettura mentale può perseguire e delle sfide che essa può presentare. Il viaggio continua, e nei capitoli successivi, ci immergeremo ancora di più nel mondo affascinante della lettura mentale, svelando nuovi approfondimenti e strategie per sviluppare questa straordinaria capacità.

CAPITOLO 2: IL MONDO SEGRETO DELLA COMUNICAZIONE NON VERBALE

La comunicazione umana è un linguaggio complesso che va ben oltre le parole. Il capitolo che segue è un'immersione profonda nel mondo segreto della comunicazione non verbale, un regno in cui gesti, espressioni facciali, e il modo in cui si modula la voce giocano un ruolo cruciale nella trasmissione di significati sottili e profondi. L'obiettivo è esplorare come questi elementi contribuiscano a formare un linguaggio silenzioso ma estremamente eloquente.

Il Ruolo Cruciale dei Segnali Non Verbali

Il 93% della comunicazione umana avviene attraverso segnali non verbali. Questo dato sorprendente evidenzia quanto sia essenziale comprendere il linguaggio del corpo per cogliere appieno il significato di una comunicazione. Inizia la nostra analisi con una disamina dei segnali non verbali chiave, mettendo in luce il loro ruolo cruciale nella dinamica della comunicazione interpersonale.

Mani: Espressione di Emozioni e Intenzioni

Le mani, con la loro flessibilità e capacità di esprimere

emozioni e intenzioni, sono una parte fondamentale della comunicazione non verbale. Un gesto delle mani può enfatizzare un punto, indicare incertezza o rivelare la tensione. Analizzeremo come interpretare i diversi movimenti delle mani e il loro impatto sulla percezione reciproca.

Mimica Facciale: Il Linguaggio Universale delle Espressioni

La mimica facciale è un linguaggio universale che trascende le barriere linguistiche. Esploreremo le sfumature delle espressioni facciali, svelando come sorrisi, rughe della fronte e movimenti degli occhi trasmettano emozioni e stati d'animo. Capire la mimica facciale ci consente di percepire il tono emotivo sottostante di una conversazione.

Tono e Volume della Voce: Il Ritmo della Comunicazione

Il modo in cui moduliamo il tono e il volume della voce è una parte integrante della nostra espressione. Un tono calmo può suggerire sicurezza, mentre un aumento del volume può indicare passione o frustrazione. Esploreremo come il ritmo della voce influenzi il significato e come possiamo sfruttarlo per comunicare in modo più efficace.

L'Armonia dei Segnali Non Verbali: Consistenza e Congruenza

Un aspetto critico della comunicazione non verbale è la sua coerenza. I gesti delle mani dovrebbero essere in armonia con l'espressione facciale e il tono della voce per garantire un messaggio coerente. Analizzeremo l'importanza di mantenere una congruenza tra diversi segnali non verbali per evitare malintesi e confusioni.

L'Influenza della Cultura nei Segnali Non Verbali

Un ulteriore livello di complessità nella comunicazione non verbale è rappresentato dalle differenze culturali. Gesti comuni in una cultura possono avere significati completamente diversi in un'altra.

Esploreremo come la consapevolezza culturale sia essenziale per interpretare correttamente i segnali non verbali in contesti multietnici.

Casi Pratici: Applicazione degli Elementi Analizzati

Per rendere tangibili i concetti esaminati, esamineremo casi pratici in cui la comunicazione non verbale gioca un ruolo chiave. Studieremo interviste, negoziazioni e interazioni quotidiane, evidenziando come la comprensione accurata dei segnali non verbali possa influenzare positivamente l'esito di tali situazioni.

L'Arte di Ascoltare: Oltre le Parole

Infine, esploreremo l'importanza dell'ascolto attivo nel contesto della comunicazione non verbale. Capire veramente gli altri richiede non solo l'osservazione dei segnali non verbali, ma anche la capacità di ascoltare attentamente le emozioni e le intenzioni sottostanti.

In conclusione, il capitolo offre una panoramica dettagliata del mondo segreto della comunicazione non verbale, sottolineando l'importanza di comprendere i segnali delle mani, la mimica facciale e il tono della voce. La padronanza di questo linguaggio silenzioso potrebbe essere la chiave per decifrare la ricchezza di significati nascosti nelle interazioni umane quotidiane.

CAPITOLO 3: OLTRE LE PAROLE: LA LINGUA DEL CORPO

La lingua del corpo è un codice sottile ma potente che comunica oltre le barriere delle parole. In questo capitolo, esploreremo la definizione profonda e l'importanza fondamentale di comprendere questo linguaggio silenzioso come chiave per svelare veramente il pensiero degli altri. Attraverso consigli pratici ed esempi concreti, cercheremo di gettare una luce sulle sfumature di questa lingua segreta che permea le nostre interazioni quotidiane.

Definizione della Lingua del Corpo: Oltre le Espressioni Verbali

La lingua del corpo si estende ben oltre le espressioni verbali e offre un'ulteriore dimensione alla comunicazione umana. Essa comprende gesti, posture, movimenti oculari e altri segnali non verbali che trasmettono informazioni e emozioni. Spesso, questi segnali sono inconsci e spontanei, rivelando verità nascoste che le parole possono nascondere.

Esempio Pratico: Immagina di parlare con qualcuno che, mentre esprime entusiasmo verbalmente, inclina il corpo leggermente all'indietro e incrocia le braccia. Questi segnali non verbali possono suggerire una riserva o una mancanza di completa fiducia nelle parole pronunciate.

Importanza Fondamentale: La Verità dietro le Parole

La comprensione accurata della lingua del corpo è

fondamentale per ottenere una visione completa durante le interazioni interpersonali. Spesso, le persone possono controllare consapevolmente le loro parole, ma la lingua del corpo rivela le emozioni e le intenzioni più sincere. Riconoscere questa verità nascosta consente di evitare malintesi e di cogliere il significato reale dietro le dichiarazioni verbali.

Consiglio Pratico: Quando interpreti la lingua del corpo, cerca la congruenza tra espressioni verbali e non verbali. Se c'è un divario tra ciò che viene detto e ciò che viene comunicato attraverso i segnali non verbali, è probabile che ci sia un elemento di ambiguità o mancanza di sincerità.

Gli Elementi Chiave della Lingua del Corpo: Gestualità e Postura

Due elementi chiave della lingua del corpo sono la gestualità e la postura. La gestualità comprende i movimenti delle mani, delle braccia e del viso, mentre la postura riflette l'allineamento del corpo nel suo insieme. Esaminiamo come questi elementi siano fondamentali per interpretare accuratamente il pensiero degli altri.

Gestualità: Un gesto può arricchire o modificare significativamente il messaggio verbale. Ad esempio, un semplice sollevamento di sopracciglio può indicare sorpresa o scetticismo, mentre un cenno della testa può sottolineare l'approvazione.

Postura: La postura del corpo comunica la sua disposizione emotiva. Una postura aperta e rilassata può indicare fiducia e apertura, mentre una postura chiusa e contratta può suggerire insicurezza o difensività.

Movimenti degli Occhi e Contatto Visivo: Finestre dell'Anima

Gli occhi sono spesso definiti le "finestre dell'anima" e giocano un ruolo cruciale nella lingua del corpo. Il modo in cui una persona guarda, gli sguardi fugaci o prolungati, il contatto visivo durante una conversazione: tutti questi elementi offrono insight preziosi sullo stato emotivo e l'interesse di un individuo.

Esempio Pratico: Durante un colloquio, un candidato che mantiene un contatto visivo costante dimostra fiducia e sicurezza nelle proprie risposte, trasmettendo un'immagine positiva.

Consigli Pratici per Comprendere la Lingua del Corpo:

Osserva la Congruenza: Cerca la congruenza tra il linguaggio verbale e non verbale. Se ci fosse un divario, potrebbe esserci un aspetto non detto che merita attenzione.

Fai Attenzione ai Dettagli: I dettagli fanno la differenza. Osserva piccoli movimenti, cambiamenti di espressione e altri segnali sottili che possono rivelare molto sulla mente di qualcuno.

Pratica l'Empatia: Mettiti nei panni dell'altro. Cerca di comprendere le emozioni che possono essere comunicate attraverso la lingua del corpo e rispondi con empatia.

Riconosci la Variabilità Culturale: Sii consapevole delle differenze culturali nel linguaggio del corpo. Ciò che può essere interpretato in un modo in una cultura potrebbe avere un significato diverso in un contesto culturale diverso.

Conclusioni: La Lingua del Corpo come Chiave di Interpretazione

In conclusione, la lingua del corpo è una chiave indispensabile per interpretare il pensiero degli altri. Oltre le parole, i gesti, la postura e gli sguardi rivestono un ruolo fondamentale nella trasmissione di messaggi profondi e autentici. Con una comprensione accurata di questo linguaggio segreto, si apre la porta a connessioni più autentiche e comunicazioni più ricche. La pratica costante di osservazione attenta e consapevolezza della lingua del corpo può trasformare radicalmente la nostra capacità di interagire significativamente con il mondo che ci circonda.

CAPITOLO 4: SINTONIZZARSI CON GLI ALTRI - SEGNALI DELLA PARTE SUPERIORE DEL CORPO

Nel vasto teatro della comunicazione non verbale, la parte superiore del corpo si presenta come un palcoscenico ricco di espressioni, gesti e segnali che svelano le intenzioni e le emozioni degli individui. In questo capitolo, ci immergeremo in uno studio dettagliato dei segnali provenienti dalla parte superiore del corpo, esplorando la loro rilevanza cruciale nella decodifica del linguaggio non verbale e nell'arte di sintonizzarsi con gli altri.

**1. Le Spalle Come Indicatori di Apertura o Chiusura Emotiva

Le spalle giocano un ruolo chiave nel linguaggio non verbale, fungendo da indicatori di apertura o chiusura emotiva. Quando una persona ha le spalle rilassate e aperte, suggerisce un atteggiamento positivo e disponibile. Al contrario, spalle contratte o girate possono indicare una sensazione di difesa o disagio.

Esempio Pratico: Durante una riunione, osservare la posizione delle spalle di un collega può rivelare il suo grado di coinvolgimento emotivo e il livello di apertura verso le idee presentate.

**2. Il Linguaggio delle Braccia: Gesti di Accoglienza o Barriera

Le braccia, attraverso i loro movimenti e posizioni, trasmettono un linguaggio ricco di significati. Braccia aperte e rilassate possono indicare accoglienza e disponibilità all'ascolto, mentre braccia incrociate possono suggerire difesa o resistenza a nuove idee.

Esempio Pratico: Durante una conversazione, se noti che qualcuno incrocia le braccia quando esponi un'idea, potrebbe essere un segnale di disagio o disaccordo.

**3. Le Mani come Espressione di Emozioni e Intenzioni

Le mani sono una delle parti più espressive del corpo, trasmettendo una varietà di emozioni e intenzioni. I gesti delle mani possono amplificare il significato di una comunicazione verbale o fornire indizi su pensieri interiori.

Esempio Pratico: Durante una presentazione, le mani che illustrano e sottolineano i punti chiave possono indicare fiducia e chiarezza nei confronti del messaggio trasmesso.

**4. L'Importanza degli Occhi e dell'Espressione del Viso

Gli occhi e l'espressione del viso sono fenomeni comunicativi potenti, rivelando emozioni e pensieri in maniera immediata. Un contatto visivo diretto può indicare interesse e attenzione, mentre uno sguardo evasivo potrebbe suggerire incertezza o nervosismo.

Esempio Pratico: Durante una negoziazione, il mantenimento del contatto visivo può confermare la sincerità di un'affermazione, creando un legame di fiducia.

**5. Postura del Torso: Indizio sulla Convinzione e Sicurezza

La postura del torso offre indicazioni sulla convinzione e sicurezza di una persona nelle proprie idee. Un torso eretto e diritto può indicare sicurezza e convinzione, mentre un torso curvato o piegato può rivelare incertezza o mancanza di fiducia.

Esempio Pratico: Durante una riunione, osservare la postura del torso di un membro del team può aiutarti a valutare la sua fiducia nell'esprimere le proprie opinioni.

Consigli Pratici per Interpretare i Segnali della Parte Superiore del Corpo:

Osserva la Coerenza: Cerca la coerenza tra i segnali provenienti dalla parte superiore del corpo e il contesto della situazione. Una coerenza rafforzata tra diversi segnali aumenta la tua capacità di interpretare correttamente.

Considera il Contesto: I segnali della parte superiore del corpo devono essere interpretati considerando il contesto specifico. Ciò che potrebbe indicare nervosismo in una situazione potrebbe essere completamente diverso in un'altra.

Ascolta le Variazioni: Fai attenzione alle variazioni nei segnali. Un cambiamento improvviso nella postura o nei gesti potrebbe essere indicativo di un cambiamento emotivo o di pensiero.

Sii Consapevole della Propria Partecipazione: La tua consapevolezza della lingua del corpo può influenzare positivamente la tua partecipazione nelle interazioni. Mantieni una postura aperta per favorire una comunicazione chiara e aperta.

Conclusioni: Sintonizzarsi con il Linguaggio della Parte Superiore del Corpo

La parte superiore del corpo, con la sua gamma di segnali non verbali, offre un'opportunità senza pari per sintonizzarsi con gli altri. Osservare le spalle, le braccia, le mani e la postura del torso fornisce una finestra sul mondo interiore di chiunque si abbia di fronte. Con la pratica costante e l'attenzione consapevole, è possibile affinare la capacità di interpretare questi segnali, aprendo la porta a connessioni più profonde e a una comprensione più ricca delle intenzioni e delle emozioni degli altri.

CAPITOLO 5: MICROESPRESSIONI FACCIALI - IL POTERE DEL SORRISO PERSUASIVO

Nel vasto panorama della comunicazione non verbale, le microespressioni facciali emergono come piccoli ma potenti indizi delle emozioni più autentiche e profonde. In questo capitolo, ci immergeremo nell'esplorazione delle microespressioni facciali, con particolare enfasi sul potere del sorriso come strumento persuasivo. Analizzeremo le sfumature dietro i sorrisi, svelando le strategie per utilizzarli con efficacia in situazioni di persuasione.

**1. Microespressioni Facciali: Finestre sulla Verità Emotiva

Le microespressioni facciali sono rapide, involontarie e spesso sfuggenti segnali che rivelano le vere emozioni di una persona, anche quando cercano di nasconderle. Questi segnali, che durano solo una frazione di secondo, possono essere cruciali per comprendere l'atteggiamento reale di qualcuno in una data situazione.

Esempio Pratico: Durante una presentazione, un breve sollevamento degli angoli della bocca può indicare un momento di sincero piacere, mentre un'occhiata di frustrazione può svelare disaccordo.

**2. Il Sorriso come Espressione Universale di Benessere

Il sorriso è una delle espressioni facciali più potenti e universalmente riconosciute. Va oltre le barriere linguistiche e culturali, comunicando gioia, fiducia e apertura. Esploriamo come il sorriso possa essere un potente catalizzatore nella costruzione di connessioni e nella persuasione.

Esempio Pratico: Durante un colloquio di lavoro, un sorriso sincero può creare un'atmosfera positiva e far emergere un'immagine di apertura e collaborazione.

**3. Tipi di Sorrisi e le loro Implicazioni Emotive

Non tutti i sorrisi sono uguali. Esaminiamo i diversi tipi di sorrisi e le emozioni che possono trasmettere:

Sorriso Genuino: Indica gioia e autenticità. Le rughe agli occhi sono spesso un segno di un sorriso sincero.

Sorriso Falso o Sociale: Può essere usato per mascherare le vere emozioni. Spesso coinvolge solo i muscoli della bocca, senza raggiungere gli occhi.

Sorriso di Dominanza: Coinvolge solo i muscoli della bocca ed è spesso associato a situazioni in cui qualcuno cerca di dimostrare superiorità.

Sorriso Timido o Incerto: Caratterizzato da un lieve sollevamento degli angoli della bocca, ma con una minore esposizione dei denti. Può indicare incertezza o timidezza.

**4. Il Potere del Sorriso Persuasivo

Utilizzare il sorriso in modo persuasivo richiede consapevolezza e intenzionalità. Esaminiamo come il sorriso può essere impiegato per ottenere risultati positivi nelle interazioni quotidiane e nelle situazioni di persuasione:

Sorridi per Creare un Clima Positivo: Un sorriso sincero può migliorare l'umore generale di un'interazione e favorire la creazione di un ambiente positivo.

Sorridi per Creare Connessioni Emotive: Un sorriso può rompere le barriere emotive, creando un senso di connessione e fiducia tra le persone.

Sorridi per Alleggerire Situazioni Tese: In situazioni di conflitto o tensione, un sorriso discreto può servire a calmare gli animi e aprire la porta a una comunicazione più pacifica.

**5. Sorridi con Autenticità e Consapevolezza

La chiave del successo nell'utilizzare il sorriso come strumento persuasivo è la sincerità. Un sorriso genuino è molto più potente di uno falso. Inoltre, è essenziale essere consapevoli del contesto e dell'audience. Ciò che può essere persuasivo in una situazione potrebbe non esserlo in un'altra.

Consiglio Pratico: Prima di una presentazione importante, pratica il tuo sorriso davanti a uno specchio. Assicurati che sia sincero e che rifletta positività.

**6. Microespressioni e Analisi del Contesto

Le microespressioni facciali, inclusi i sorrisi, devono essere lette in contesto. Una piccola variazione nel contesto può cambiare radicalmente il significato di una microespressione. Esploriamo l'importanza di analizzare il contesto per ottenere una comprensione più accurata.

Esempio Pratico: Durante un incontro d'affari, un sorriso di approvazione potrebbe essere interpretato in modo diverso rispetto a un sorriso di approvazione durante una conversazione informale.

**7. Sviluppare la Consapevolezza delle Proprie Microespressioni

Essere consapevoli delle proprie microespressioni è altrettanto importante quanto riconoscerle negli altri. Praticare la consapevolezza delle proprie espressioni facciali può aiutare a gestire le interazioni in modo più efficace e a trasmettere intenzioni desiderate.

Consiglio Pratico: Registra brevi video di te stesso mentre parli o rispondi a domande. Analizza le tue microespressioni per identificare eventuali aree di miglioramento.

Conclusioni: La Magia del Sorriso Persuasivo e delle Microespressioni

Il sorriso, con il suo potere universale di comunicare gioia e apertura, è un'arma persuasiva formidabile. Quando associato alla consapevolezza delle microespressioni, diventa uno strumento sottile ma potentemente persuasivo. La pratica costante nell'osservare e interpretare le microespressioni, insieme alla consapevolezza del proprio linguaggio facciale, può aprire porte a connessioni più autentiche e influenzare positivamente le dinamiche delle interazioni quotidiane e professionali.

CAPITOLO 6: SEGRETI NASCOSTI - GAMBE E PIEDI COME INDICATORI SOTTILI

Nella danza intricata della comunicazione non verbale, le gambe e i piedi agiscono come partner silenziosi ma eloquenti, rivelando segreti nascosti che sfuggono spesso all'osservazione quotidiana. In questo capitolo, ci immergeremo in un'analisi approfondita dei segnali provenienti da gambe e piedi, svelando il significato di gesti spesso trascurati ma ricchi di significato nella comunicazione non verbale.

**1. Il Linguaggio delle Gambe: Posizione e Orientamento

Le gambe, con la loro capacità di muoversi e assumere diverse posizioni, comunicano una gamma di emozioni e intenzioni. Esaminiamo come la posizione e l'orientamento delle gambe possano fornire indizi preziosi sulla disposizione emotiva di un individuo.

Esempio Pratico: Durante una conversazione, se qualcuno ha le gambe incrociate in modo rilassato, può suggerire apertura e comfort, mentre gambe incrociate in modo rigido potrebbero indicare tensione o resistenza.

**2. I Piedi come Indicatori di Interesse e Disposizione

I piedi, spesso trascurati ma ricchi di significato, sono indicatori cruciali di interesse e disposizione. La direzione dei piedi durante un'interazione può rivelare a chi è rivolto il reale interesse di una persona.

Esempio Pratico: In una riunione di gruppo, se i piedi di qualcuno sono rivolti verso un collega anziché verso il presentatore, può suggerire che la vera attenzione è altrove.

**3. Movimenti delle Gambe: Agitazione, Nervosismo o Eccitazione

I movimenti delle gambe forniscono ulteriori indizi sullo stato emotivo di una persona. L'agitazione delle gambe può indicare nervosismo, mentre movimenti più energici possono rivelare entusiasmo o eccitazione.

Esempio Pratico: Durante una presentazione, se qualcuno sfiora leggermente il pavimento con il piede in modo ritmico, può indicare una combinazione di nervosismo ed eccitazione.

**4. Piedi Come Barometro di Conforto e Disagio

I piedi riflettono spesso il livello di comfort o disagio di una persona in una data situazione. Osserviamo come i piedi possano diventare un barometro sottile ma affidabile delle dinamiche emotive.

Esempio Pratico: In un incontro formale, se qualcuno gioca nervosamente con le scarpe o si alza spesso in piedi, potrebbe indicare una sensazione di disagio.

**5. Gambe Incrociate e i Loro Significati

La posizione delle gambe incrociate può rivelare molti aspetti del pensiero e dell'atteggiamento di una persona. Esaminiamo i vari significati di questo gesto comune:

Gambe Incrociate in Modo Rilassato: Indica spesso un

atteggiamento aperto e confortevole. Gambe Incrociate in

Modo Rigido: Può suggerire tensione o un atteggiamento

difensivo.

Gambe Incrociate in Direzione di Qualcuno: Rivelano spesso un interesse diretto verso quella persona.

**6. Gambe e Piedi nei Contesti Sociali e Professionali

L'interpretazione dei segnali provenienti da gambe e piedi richiede una consapevolezza del contesto sociale e professionale. Esaminiamo come la comunicazione non verbale delle gambe possa variare in situazioni diverse.

Esempio Pratico: Durante un colloquio di lavoro, se un candidato tiene le gambe saldamente poggiate a terra e i piedi sono ben piantati, può suggerire sicurezza e stabilità.

Consigli Pratici per Interpretare i Segnali da Gambe e Piedi:

Osserva la Direzione dei Piedi: La direzione dei piedi durante una conversazione può rivelare chiaramente a chi è rivolto il reale interesse di una persona.

Fai Attenzione ai Movimenti delle Gambe: I movimenti delle gambe possono fornire indizi sullo stato emotivo di una persona. Agitazione, ripetuti movimenti eccessivi possono indicare nervosismo o stress.

Analizza la Posizione delle Gambe: La posizione delle gambe, incrociate o distese, può rivelare l'atteggiamento di una persona nei confronti della situazione.

Considera il Contesto: L'interpretazione dei segnali da gambe e piedi deve essere fatta considerando il contesto specifico della situazione. Ciò che potrebbe indicare nervosismo in una situazione può avere un significato completamente diverso in un altro contesto.

Conclusioni: Decifrare i Segreti Nascosti delle Gambe e dei Piedi

Le gambe e i piedi, sebbene spesso trascurati, sono veri e propri messaggeri di emozioni e intenzioni nella danza sottile della comunicazione non verbale. Osservare attentamente la posizione, l'orientamento e i movimenti di gambe e piedi può aprire finestre su pensieri e sentimenti autentici. La pratica costante nell'interpretare questi segnali, insieme a una consapevolezza del contesto, può affinare la nostra capacità di leggere il linguaggio nascosto delle gambe e dei piedi, rivelando segreti che contribuiscono alla comprensione più profonda delle dinamiche relazionali.

CAPITOLO 7: DISTANZE CHE COMUNICANO - LA SCIENZA DIETRO GLI SPAZI PERSONALI

Nel teatro complesso della comunicazione non verbale, la scienza delle distanze emerge come un protagonista silenzioso ma potente, plasmando le interazioni umane in modi sottili e profondi. In questo capitolo, esploreremo la scienza che studia le distanze come mezzo di comunicazione e analizzeremo la loro rilevanza cruciale nella comprensione reciproca.

**1. Proxemics: L'Arte Scientifica degli Spazi Personali

Il termine "proxemics", coniato dallo psicologo Edward T. Hall, si riferisce allo studio scientifico della gestione degli spazi interpersonali. Hall ha introdotto il concetto nel suo libro del 1966, "The Hidden Dimension". Esaminiamo come il proxemics possa rivelare molto sulla natura delle relazioni umane.

Esempio Pratico: In una conversazione, una persona che si avvicina troppo potrebbe far sentire l'altra a disagio, mentre una distanza adeguata può promuovere una comunicazione più aperta.

**2. Le Quattro Zone di Hall: Intimate, Personal, Social e Public

Hall ha classificato gli spazi interpersonali in quattro categorie distinte:

Zona Intima: 0-45 cm di distanza. Riservata a interazioni molto personali, come l'abbraccio e il contatto fisico.

Zona Personale: 45-120 cm di distanza. Utilizzata nelle conversazioni quotidiane con amici e colleghi. Zona Sociale:

1.2-3.6 m di distanza. Comune in ambienti di lavoro o sociali.

Zona Pubblica: Oltre i 3.6 m di distanza. Utilizzata in situazioni pubbliche, come conferenze o spazi affollati.

**3. Cultural Variability: Differenze Culturali nelle Distanze

La percezione e la gestione degli spazi variano notevolmente tra le culture. Mentre in alcune culture la vicinanza può essere accettata e persino incoraggiata, in altre potrebbe essere vista come invasione del proprio spazio personale. Esploriamo come le differenze culturali possano influenzare la comunicazione attraverso le distanze.

Esempio Pratico: In alcune culture, il contatto fisico durante una conversazione può essere considerato normale, mentre in altre potrebbe essere interpretato come invadente.

**4. La Regolazione dinamica delle Distanze: Adattarsi alle Situazioni

La capacità di regolare dinamicamente le distanze è fondamentale per una comunicazione efficace. Le persone tendono ad adattare automaticamente la loro distanza interpersonale in base al contesto, al rapporto con l'interlocutore e alle norme culturali.

Esempio Pratico: Durante un colloquio di lavoro, la distanza potrebbe variare a seconda della natura dell'interazione. Una conversazione più informale potrebbe richiedere una distanza sociale, mentre una presentazione formale potrebbe richiedere una distanza pubblica.

**5. Il Ruolo della Prossimità nell'Esprimere Emozioni

La prossimità fisica può essere un potente veicolo per esprimere emozioni e intenzioni. Essa influisce sull'ambiente emotivo di un'interazione e può contribuire a stabilire un senso di connessione o di distanza emotiva.

Esempio Pratico: In una situazione di consolazione, la vicinanza fisica può trasmettere sostegno emotivo più efficacemente di parole.

**6. Distanze nei Contesti Professionali: Dalla Sala Riunioni alla Scrivania

Le dinamiche degli spazi personali giocano un ruolo significativo nei contesti professionali. Dalla disposizione dei mobili in una sala riunioni alle distanze tra le scrivanie negli uffici a spazi aperti, il proxemics influisce sulle relazioni interpersonali e sulla dinamica di lavoro.

Esempio Pratico: Un capo che si siede alla stessa altezza dei suoi subordinati durante una riunione può creare un ambiente più collaborativo e aperto.

Consigli Pratici per Gestire gli Spazi Personali:

Osserva le Reazioni di Altri: Presta attenzione alle reazioni degli altri riguardo alle distanze durante un'interazione. Se qualcuno si allontanasse o si avvicina, potrebbe essere un indicatore del loro livello di comfort.

Adatta la Tua Prossimità: Sii consapevole del contesto e delle preferenze culturali. Adatta la tua prossimità in base alle dinamiche della situazione e al rapporto con l'altro.

Fai Attenzione alle Esigenze Emotive: In situazioni emotive, considera come la tua prossimità fisica possa influenzare il supporto emotivo che stai offrendo o ricevendo.

Comprendi le Norme Culturali: Se interagisci con persone di diverse culture, informarti sulle norme culturali riguardo agli spazi personali può aiutarti a evitare malintesi.

Conclusioni: Decifrare il Linguaggio delle Distanze

Gli spazi personali, sebbene invisibili, parlano un linguaggio universale e intrinseco che influenza le nostre relazioni quotidiane. Il proxemics, come scienza delle distanze, ci offre una lente preziosa per comprendere la comunicazione non verbale sottesa agli spazi che occupiamo. Attraverso la consapevolezza e la pratica, possiamo affinare la nostra capacità di utilizzare e interpretare le distanze in modo efficace, contribuendo a una comunicazione più armoniosa e comprensiva.

CAPITOLO 8: VERITÀ E BUGIE - SMASCHERARE E NASCONDERE ATTRAVERSO IL LINGUAGGIO DEL CORPO

Nel vasto regno del linguaggio del corpo, la verità e le bugie danzano in una coreografia intricata di gesti, espressioni e posture. In questo capitolo, esploreremo le strategie per riconoscere le bugie negli altri e le tecniche per nascondere le proprie attraverso il controllo del linguaggio del corpo.

Entreremo nel mondo sottile delle espressioni facciali, dei gesti e dei movimenti che tradiscono o mascherano la verità.

**1. Esplorare il Mondo delle Microespressioni Facciali

Le microespressioni facciali, quelle rapide e involontarie, spesso rivelano la verità che le persone cercano di nascondere. Nell'analisi delle microespressioni, possiamo individuare indizi preziosi per smascherare una bugia.

Esempio Pratico: Durante una dichiarazione apparentemente

sicura, un'ombra di disgusto o ansia che attraversa il viso potrebbe rivelare una discrepanza tra le parole pronunciate e il vero stato emotivo.

**2. La Congruenza del Corpo: Quando le Parole Mentono e il Corpo Dice la Verità

La congruenza tra il linguaggio del corpo e le parole pronunciate è un potente indicatore di sincerità o menzogna. Un corpo che si allinea con il discorso suggerisce coerenza, mentre incongruenze possono indicare un tentativo di nascondere la verità.

Esempio Pratico: Se qualcuno dichiara di essere felice mentre il corpo mostra segni di tristezza, potrebbe essere un segnale di falsità.

**3. Linguaggio Oculare: Finestre sull'Anima o Porte Chiuse?

Gli occhi, spesso definiti le "finestre dell'anima", possono rivelare molto sulla verità nascosta. Evitare lo sguardo diretto, sbattere le palpebre in modo inusuale o dilatare le pupille possono essere segnali che indicano un tentativo di nascondere informazioni.

Esempio Pratico: Durante un interrogatorio, l'evitare il contatto visivo diretto può essere interpretato come un segnale di mancanza di sincerità.

**4. Gesti di Auto-Copertura: Barriere Fisiche contro la Verità

Quando le persone mentono, spesso cercano di coprire il corpo in vari modi, creando barriere fisiche tra sé e l'interlocutore. Gesti come incrociare le braccia, mettere le mani in tasca o tenere oggetti davanti al corpo possono essere tentativi inconsci di proteggersi dalla rivelazione della verità.

Esempio Pratico: Durante un confronto, se qualcuno improvvisamente incrocia le braccia mentre risponde a una domanda, potrebbe essere un segnale di difesa e resistenza.

**5. Gestione dello Spazio Personale: Fuggire o Avvicinarsi per

Nascondere la Verità

La gestione dello spazio personale può rivelare molto sulla verità o sulla bugia. Mentre alcune persone potrebbero cercare di sfuggire, creando distanze fisiche, altre potrebbero avvicinarsi e invadere lo spazio personale per intimidire o distrarre.

Esempio Pratico: Durante un confronto, se qualcuno si allontana repentinamente o si avvicina troppo, potrebbe essere un segnale di disagio o un tentativo di manipolazione.

**6. Gestione della Voce: La Melodia delle Bugie e della Sincerità

Il tono e il volume della voce possono svelare molto sulla verità dietro le parole. Variazioni improvvise nel tono, il parlare troppo veloce o troppo lentamente possono essere indizi di un tentativo di nascondere o manipolare la verità.

Esempio Pratico: Durante un'indagine, un cambiamento repentino nella tonalità della voce può indicare nervosismo o incertezza.

**7. La Posizione del Corpo e l'Allineamento: Scudi e Barriere Emotive

La posizione generale del corpo e il suo allineamento rispetto agli altri possono rivelare molto sulle intenzioni nascoste. Se il corpo è rivolto verso l'uscita o lontano dall'interlocutore, può essere un segnale di desiderio di fuga o di evasione.

Esempio Pratico: Durante una discussione difficile, se qualcuno allinea il corpo verso l'uscita, potrebbe essere un segnale di disagio o desiderio di terminare l'interazione.

Consigli Pratici per Riconoscere e Nascondere la Verità:

Osserva le Microespressioni: Allena il tuo occhio per riconoscere le microespressioni facciali che sfuggono rapidamente. La pratica costante può affinare questa abilità.

Cerca la Congruenza: Presta attenzione alla congruenza tra il linguaggio del corpo e le parole pronunciate. Incoerenze possono rivelare tentativi di nascondere la verità.

Analizza il Linguaggio Oculare: Gli occhi sono potenti indicatori di sincerità. Osserva lo sguardo diretto, le palpebre e le pupille per raccogliere indizi sulla verità.

Riconosci i Gesti di Auto-Copertura: Gesti come incrociare le braccia o nascondere il corpo possono indicare difesa o resistenza. Riconoscili per ottenere una comprensione più approfondita.

Osserva la Gestione dello Spazio Personale: La gestione dello spazio personale può rivelare intenzioni nascoste. Osserva se qualcuno si avvicina o si allontana in modo anomalo durante un'interazione.

Ascolta le Variazioni nella Voce: Le variazioni nel tono e nel volume della voce possono indicare emozioni nascoste. Fai attenzione a cambiamenti improvvisi durante una conversazione.

Interpreta la Posizione del Corpo e l'Allineamento: La posizione generale del corpo e l'allineamento rispetto agli altri possono rivelare intenzioni e emozioni. Osserva attentamente il linguaggio del corpo complessivo.

Conclusioni: Il Linguaggio del Corpo come Verità Silente

Nel tentativo di nascondere o rivelare la verità, il corpo parla un linguaggio silente ma eloquente. Con la consapevolezza e la pratica nel riconoscere gli indizi del linguaggio del corpo, possiamo affinare la nostra abilità di decifrare la verità dietro le parole. Tuttavia, è essenziale esercitare cautela nell'interpretazione, considerando sempre il contesto e le differenze individuali. Il linguaggio del corpo è un potente alleato nella comprensione umana, offrendo uno sguardo più profondo nel mondo delle emozioni e delle intenzioni nascoste.

CAPITOLO 9: ESERCIZI PRATICI - MIGLIORARE IL PROPRIO LINGUAGGIO DEL CORPO

Nel percorso verso la maestria del linguaggio del corpo, l'arte della comunicazione non verbale può essere affinata e perfezionata attraverso esercizi pratici mirati. In questo capitolo, ti guiderò attraverso una serie di esercizi progettati per sviluppare e migliorare le tue abilità nella lettura e nel controllo del linguaggio del corpo. Preparati a immergerti in pratiche che affinano la tua consapevolezza e potenziano la tua capacità di comunicare in modo efficace.

**1. Esercizio delle Microespressioni: Decifrare Istantaneamente le Emozioni

Le microespressioni facciali sono veloci, ma con la pratica puoi imparare a catturarle istantaneamente. Guarda video o foto di persone in situazioni emotive e cerca di individuare le microespressioni che rivelano le loro vere emozioni.

Passo Successivo: Pratica con un amico o un partner, alternando il ruolo di "osservatore" e "attore", cercando di emulare diverse emozioni attraverso le microespressioni.

**2. Esercizio del Corpo Consapevole: Riconoscere e Controllare la

Tensione

Stai attento alle sensazioni del tuo corpo mentre interagisci con gli altri. Identifica le aree di tensione, come spalle irrigidite o pugni chiusi. Respira profondamente e rilassa consapevolmente queste parti del tuo corpo.

Passo Successivo: Pratica l'auto-osservazione durante diverse situazioni quotidiane, cercando di mantenere il corpo rilassato anche in contesti stressanti.

**3. Esercizio del Contatto Visivo: Sviluppare un Contatto Visivo Sicuro ed Empatico

Allenati a mantenere un contatto visivo sicuro e empatico. Fissa gli occhi dell'altro per alcuni secondi durante una conversazione, cercando di trasmettere sincerità e interesse.

Passo Successivo: Espandi la pratica, mantenendo il contatto visivo mentre parli di argomenti più complessi o emotivi.

**4. Esercizio della Posizione del Corpo: Consapevolezza dell'Allineamento

Osserva la posizione del tuo corpo durante le conversazioni. Fai attenzione a dove sono rivolte le tue spalle e i tuoi piedi. Allinea il tuo corpo con l'interlocutore per indicare apertura e interesse.

Passo Successivo: Pratica l'allineamento consapevole durante incontri professionali o situazioni sociali, regolando il tuo corpo in base al contesto.

**5. Esercizio della Gestione dello Spazio Personale: Trovare l'Equilibrio Giusto

Esplora la gestione dello spazio personale durante le interazioni. Trova un equilibrio tra avvicinarti per mostrare interesse e mantenere una distanza rispettosa.

Passo Successivo: Pratica la gestione dello spazio personale in varie situazioni, adattando la tua prossimità in base alla relazione e al contesto.

**6. Esercizio della Gestione Vocale: Modulare Tonality e Volume

Sperimenta con il tono e il volume della tua voce. Pratica la modulazione per esprimere sicurezza, empatia o enfasi a seconda del contesto.

Passo Successivo: Registra la tua voce durante esercizi di lettura o presentazioni, analizzando le variazioni e cercando di migliorare la tua espressività.

**7. Esercizio dell'Ascolto Attivo: Riflessi e Gesti Empatici

Pratica l'ascolto attivo attraverso riflessi gestuali ed espressioni facciali empatiche. Rispondi alle parole dell'interlocutore con movimenti del corpo che dimostrano comprensione e coinvolgimento.

Passo Successivo: Applica l'ascolto attivo in situazioni più impegnative, come discussioni intense o negoziazioni.

**8. Esercizio della Gestione delle Mani: Comunicare Senza Distrazioni

Prenditi il tempo per valutare i gesti delle tue mani. Evita movimenti nervosi o distratti, cercando di comunicare in modo chiaro e consapevole attraverso i gesti delle mani.

Passo Successivo: Partecipa a conversazioni impegnative mantenendo le mani in modo rilassato e consapevole, evitando gesti che possano distogliere l'attenzione.

**9. Esercizio della Congruenza: Allineare il Corpo con le Parole

Pratica l'allineamento tra le tue parole e il tuo linguaggio del corpo. Fai sì che gesti, espressioni e postura supportino il messaggio che stai comunicando verbalmente.

Passo Successivo: Chiedi feedback a un amico o collega dopo un'interazione, cercando di identificare eventuali incongruenze tra il tuo linguaggio del corpo e le parole.

**10. Esercizio della Consapevolezza Emotiva: Identificare ed Esprimere Emozioni

Sii consapevole delle tue emozioni e della loro manifestazione nel tuo linguaggio del corpo. Pratica l'espressione consapevole delle emozioni attraverso il viso, i gesti e la postura.

Passo Successivo: Esplora come esprimere emozioni specifiche in modo adeguato in varie situazioni, migliorando la tua capacità di comunicare autenticamente.

**11. Esercizio della Pratica nel Contesto: Applicare le Abilità in Situazioni Reali

Porta tutte le tue abilità apprese in situazioni reali. Applica la lettura e il controllo del linguaggio del corpo durante incontri, presentazioni o interazioni quotidiane.

Passo Successivo: Raccogli feedback da chi ti circonda, cercando di migliorare continuamente attraverso l'applicazione pratica.

**12. Esercizio della Riflessione: Analizzare e Migliorare Costantemente

Dedica del tempo a riflettere sul tuo progresso. Analizza le tue interazioni quotidiane, identificando punti di forza e aree di miglioramento nel tuo linguaggio del corpo.

Passo Successivo: Tieni un diario delle tue esperienze, annotando le situazioni in cui hai sperimentato successo e quelle in cui hai avuto difficoltà.

Conclusioni: Un Viaggio di Miglioramento Continuo

Il percorso per migliorare il proprio linguaggio del corpo è un viaggio continuo di consapevolezza e pratica. Attraverso questi esercizi, hai la possibilità di affinare le tue abilità, diventando un comunicatore non verbale più efficace. Ricorda che la coerenza e l'autenticità sono chiavi per un linguaggio del corpo potente. Sii paziente con te stesso, abbraccia il processo di apprendimento e goditi il potenziamento delle tue capacità di comunicazione.

CAPITOLO 10: I 10 COMANDAMENTI DELLA COMUNICAZIONE NON VERBALE

Nel vasto universo della comunicazione non verbale, svelare i principi fondamentali che la guidano può fungere da bussola per orientarsi nelle intricazioni del linguaggio del corpo. Questi 10 Comandamenti offrono una guida pratica per applicare efficacemente la comunicazione non verbale nella vita quotidiana, fornendo una base solida per migliorare le relazioni personali, professionali e sociali.

**1. Onora la Congruenza: Parola e Corpo Devono Danzare Insieme

Il primo Comandamento richiede congruenza tra le parole pronunciate e il linguaggio del corpo. Quando il corpo è allineato con il messaggio verbale, la comunicazione diventa potente e autentica. Osserva la tua postura, i gesti e le espressioni facciali per garantire un flusso armonioso di informazioni verbali e non verbali.

Applicazione Pratica: Durante una presentazione, assicurati che i gesti delle mani e l'espressione facciale siano in sintonia con il contenuto verbale, creando un impatto coerente.

**2. Coltiva l'Empatia: Ascolta con Occhi e Cuore Aperti

L'empatia è la chiave per una comunicazione non verbale autentica. Il secondo Comandamento invita a praticare l'ascolto attivo attraverso espressioni facciali empatiche, gesti di supporto e contatto visivo. Renditi consapevole delle emozioni altrui e rispondi con gesti che riflettano comprensione e connessione.

Applicazione Pratica: In una conversazione difficile, usa espressioni facciali rassicuranti e gesti di supporto per mostrare empatia e comprensione.

**3. Sii Consapevole della Gestione dello Spazio Personale: Rispetta i Confini Altrui

Il terzo Comandamento si concentra sulla gestione dello spazio personale. Rispetta i confini altrui e comprendi l'importanza di mantenere un equilibrio tra prossimità e distanza. Adatta la tua prossimità in base al rapporto e al contesto, evitando di invadere lo spazio personale degli altri.

Applicazione Pratica: Durante una riunione, regola la tua distanza in base alla natura dell'interazione, rispettando lo spazio personale degli altri partecipanti.

**4. Sviluppa la Consapevolezza del Corpo: Osserva e Regola la Tua Postura

Il quarto Comandamento richiede la consapevolezza del corpo. Osserva la tua postura, i movimenti e le espressioni durante le interazioni. Una postura aperta e rilassata trasmette fiducia e apertura, mentre una postura chiusa può essere interpretata come difensiva.

Applicazione Pratica: Durante un colloquio di lavoro, mantieni una postura aperta e sicura per trasmettere fiducia e competenza.

**5. Cura il Contatto Visivo: Sguardi che Comunicano Sincerità

Il quinto Comandamento mette in luce l'importanza del

contatto visivo. Mantieni uno sguardo diretto e sincero per stabilire connessioni autentiche. Il contatto visivo è una potente forma di comunicazione non verbale che trasmette fiducia, sincerità e interesse.

Applicazione Pratica: In una conversazione importante, mantieni il contatto visivo per dimostrare impegno e attenzione.

**6. Modula la Voce con Consapevolezza: Tonalità e Volume Rivelano Emozioni

Il sesto Comandamento invita a modulare la voce con consapevolezza. La tonalità e il volume della voce possono rivelare emozioni nascoste. Pratica la modulazione per adattare la tua voce al tono emotivo appropriato.

Applicazione Pratica: Durante una presentazione, varia la tua tonalità e il volume per enfatizzare concetti chiave e mantenere l'attenzione dell'uditorio.

**7. Gestisci le Mani con Intenzione: Gesti Chiari, Senza Distrazioni

Il settimo Comandamento sottolinea l'importanza di gestire le mani con intenzione. Evita gesti nervosi o distratti che possano distogliere l'attenzione. Utilizza gesti chiari e consapevoli per enfatizzare il tuo messaggio.

Applicazione Pratica: Durante una conversazione importante, usa gesti che supportino e chiariscano il tuo discorso.

**8. Ascolta con il Corpo: Riflessi e Gesti che Dimostrano Coinvolgimento

Il Comandamento ottavo enfatizza l'ascolto con il corpo. Utilizza riflessi gestuali ed espressioni facciali che dimostrino coinvolgimento e comprensione. Il tuo corpo può trasmettere quanto sei veramente impegnato nella conversazione.

Applicazione Pratica: In una riunione di gruppo, usa espressioni facciali e gesti che dimostrino il tuo coinvolgimento nelle discussioni.

**9. Crea un Linguaggio Oculare Empatico: Gli Occhi Raccontano Storie

Il nono Comandamento sottolinea l'importanza di un linguaggio oculare empatico. Gli occhi possono raccontare storie e trasmettere emozioni. Usa lo sguardo per comunicare sincerità, empatia e comprensione.

Applicazione Pratica: Durante una conversazione difficile, utilizza uno sguardo empatico per rassicurare e supportare l'altro.

**10. Sii Autentico: Il Fondamento di Tutti i Comandamenti

Il decimo Comandamento è il pilastro su cui si basano gli altri: sii autentico. La sincerità nel linguaggio del corpo è essenziale per costruire relazioni genuine. Sii te stesso, lasciando emergere la tua personalità e le tue emozioni in modo autentico.

Applicazione Pratica: In ogni interazione, cerca di esprimere te stesso in modo autentico, onorando la tua verità personale.

Conclusioni: Abbraccia il Potere della Comunicazione Non Verbale

In conclusione, i 10 Comandamenti della comunicazione non verbale offrono una guida pratica per navigare nel complesso mondo del linguaggio del corpo. Applicare questi principi nella vita quotidiana può portare a una comunicazione più autentica, relazioni più solide e interazioni più significative. Ricorda che la pratica costante è la chiave per padroneggiare il linguaggio del corpo e che la consapevolezza di sé e degli altri è il fondamento di una comunicazione non verbale efficace. Abbraccia il potere della comunicazione non verbale per migliorare la tua connessione con il mondo che ti circonda.

CAPITOLO 11: IL POTERE DELLA POSTURA - COMUNICARE SICUREZZA E AUTOREVOLEZZA

La postura, silenziosa ma eloquente, è un elemento fondamentale della comunicazione non verbale. In questo capitolo, esploreremo a fondo il potere della postura e come questa influenzi la percezione e il messaggio trasmesso agli altri. Imparerai i segreti di una postura vincente e riceverai consigli pratici su come comunicare sicurezza e autorevolezza attraverso il tuo portamento.

L'Influenza Silenziosa della Postura sulla Comunicazione:

La postura va oltre la semplice posizione del corpo; è un linguaggio in sé stesso, un mezzo attraverso il quale comunichiamo stati d'animo, intenzioni e livelli di fiducia. Vediamo come la postura esercita la sua influenza nella comunicazione quotidiana:

**1. Sicurezza e Fiducia: La Postura come Manifestazione Interna

La postura è una manifestazione visibile della nostra sicurezza interna. Una postura eretta e aperta trasmette fiducia in sé stessi e negli altri, creando un ambiente che favorisce la connessione e la cooperazione. Al contrario, una postura chiusa o incerta può suggerire timidezza o insicurezza.

Consiglio Pratico: Mantieni una postura eretta e aperta quando interagisci con gli altri. Schiaccia le spalle all'indietro, alza il mento e guarda dritto davanti a te.

**2. Autorevolezza e Impatto: La Postura del Leader

I leader spesso adottano una postura che esprime autorevolezza e determinazione. Una posizione eretta, con i piedi piantati saldamente a terra, trasmette un senso di leadership e decisione. Questa postura è in grado di influenzare positivamente la percezione degli altri sulla tua competenza e capacità di prendere decisioni.

Consiglio Pratico: In situazioni in cui è richiesto un comportamento autorevole, adotta una postura solida e sicura. Mantieni i piedi ben piantati a terra e evita di incrociare le braccia.

**3. Connettersi con gli Altri: La Postura Aperta e Invitante

Una postura aperta è un segnale di accoglienza e disponibilità. Quando il corpo è orientato verso gli altri in modo aperto, con le braccia rilassate e le spalle leggermente inclinate in avanti, si crea un'atmosfera di connessione e comprensione reciproca.

Consiglio Pratico: In incontri sociali o professionali, adotta una postura aperta che inviti gli altri a interagire. Evita di incrociare le braccia o assumere posizioni chiuse.

**4. Affrontare le Sfide: La Postura nel Momento Critico

La postura può diventare un alleato potente anche nei momenti di sfida o confronto. Mantenere una postura sicura e composta durante situazioni difficili trasmette determinazione e resilienza, inviando un messaggio di controllo e autodisciplina.

Consiglio Pratico: Quando affronti situazioni difficili, mantieni una postura ferma e sicura. Evita di incrociare le braccia in segno di chiusura emotiva.

**5. Comunicare Apertura e Disponibilità: La Postura Accogliente

Una postura accogliente è fondamentale per la creazione di relazioni positive. Inclinare leggermente il corpo verso l'interlocutore, mantenendo gli occhi e le orecchie aperti, comunica apertura e disponibilità all'ascolto.

Consiglio Pratico: In conversazioni importanti, adotta una postura che indichi apertura. Mantieni un contatto visivo rassicurante e inclina leggermente il corpo verso l'interlocutore.

**6. Esprimere Sicurezza nelle Interazioni Sociali: La Postura Magnetica

La postura ha il potere di renderti magnetico agli occhi degli altri. Una postura sicura e magnetica attrae l'attenzione e crea un'aura di fascino personale. La fiducia nel tuo portamento si riflette sull'immagine che gli altri hanno di te.

Consiglio Pratico: In ambienti sociali o professionali, adotta una postura magnetica. Mantieni la schiena dritta e i movimenti controllati.

**7. Creare un Impatto Positivo: La Postura Assertiva

La postura assertiva è una manifestazione di fiducia in sé stessi senza essere aggressivi. Una postura assertiva si traduce in uno spazio personale rispettato e una comunicazione chiara. Questa postura può influenzare positivamente le interazioni, creando un ambiente di rispetto reciproco.

Consiglio Pratico: In situazioni in cui è richiesta assertività, adotta una postura sicura ma rispettosa. Mantieni la testa alta e fai uso di gesti controllati.

**8. Liberare Energia Positiva: La Postura Dinamica

La postura dinamica libera energia positiva e trasmette vitalità. Movimenti controllati e una postura che suggerisce prontezza possono creare un'atmosfera di dinamismo e ottimismo.

Consiglio Pratico: Quando desideri trasmettere energia positiva, adotta una postura dinamica. Evita posizioni statiche e cerca di muoverti con vitalità.

**9. Superare l'Ansia: La Postura Come Alleato Emotivo

La postura può diventare un alleato nell'affrontare l'ansia e lo stress. Mantenere una postura eretta può influire positivamente sul tuo stato emotivo, contribuendo a un senso di fiducia e controllo durante situazioni stressanti.

Consiglio Pratico: Prima di situazioni ansiose, prenditi un momento per regolare la tua postura. Una posizione aperta e sicura può influire positivamente sul tuo stato d'animo.

**10. Autenticità nel Movimento: La Postura Come Espressione Personale

Infine, la postura è un'espressione della tua autenticità. Una postura che riflette la tua personalità autentica comunica sincerità e trasparenza. Non cercare di forzare una postura; piuttosto, permetti al tuo corpo di esprimere chi sei veramente.

Consiglio Pratico: Sii consapevole della tua postura, ma permetti al tuo movimento di essere autentico. La spontaneità comunica autenticità.

Conclusioni: La Postura Come Linguaggio del Corpo Potente

In conclusione, il potere della postura è un capitolo affascinante nel libro della comunicazione non verbale. La tua postura parla di te prima ancora di pronunciare una parola. Sfrutta questo linguaggio del corpo potente per trasmettere sicurezza, autorevolezza e autenticità nelle tue interazioni. Con una postura consapevole, puoi plasmare la percezione degli altri e creare connessioni più profonde e significative. Che tu sia sul palco, in ufficio o semplicemente in compagnia di amici, la tua postura è un alleato prezioso nel viaggio della comunicazione efficace.

CAPITOLO 12: SGUARDI CHE PARLANO - INTERPRETARE GLI OCCHI COME FINESTRE DELL'ANIMA

Gli occhi sono considerati le finestre dell'anima, specchi che riflettono le emozioni, le intenzioni e persino gli stati d'animo più profondi. In questo capitolo, ci immergeremo in un'analisi dettagliata dei diversi significati dei movimenti oculari e sguardi, svelando come interpretarli per comprendere meglio le emozioni e le intenzioni degli altri. Esploreremo il linguaggio universale degli occhi, aprendo una finestra sulla ricchezza di comunicazione non verbale che si svela attraverso lo sguardo.

Il Linguaggio Segreto degli Occhi:

**1. Sguardo Diretto e Connesso: La Forza della Connessione

Lo sguardo diretto è uno dei modi più potenti per stabilire una connessione emotiva con gli altri. Quando qualcuno ti guarda negli occhi, è come se aprisse una finestra sulla propria anima, rivelando autenticità e sincerità. Uno sguardo diretto comunica fiducia, rispetto e un desiderio di connessione profonda.

Interpretazione Pratica: In situazioni in cui desideri stabilire una connessione emotiva, mantieni uno sguardo diretto ma non invadente. Questo trasmette apertura e interesse.

**2. Sguardo Erratico e Nervoso: L'Ansia nelle Pupille

Gli occhi, come specchio delle emozioni, riflettono l'ansia attraverso sguardi erratici e nervosi. Pupille dilatate possono indicare un aumento dello stress o dell'emozione. Uno sguardo inquieto può rivelare disagio o preoccupazione.

Interpretazione Pratica: Durante conversazioni intense, osserva se la persona mantiene uno sguardo stabile o se i suoi occhi rivelano segni di nervosismo. Questo può aiutarti a comprendere meglio il loro stato emotivo.

**3. Sguardo Fisso e Penetrante: Intenzione e Concentrazione

Uno sguardo fisso e penetrante può trasmettere una profonda intenzione o concentrazione. Questo tipo di sguardo indica solitamente un interesse particolare o una focalizzazione mentale su un determinato argomento. Può anche essere un segnale di sicurezza in sé stessi e autorevolezza.

Interpretazione Pratica: In situazioni in cui desideri trasmettere sicurezza o interesse, pratica uno sguardo fisso e concentrato. Tuttavia, cerca di bilanciare con l'appropriatezza della situazione.

**4. Sguardo Evitante: Nascondere Emozioni e Intenzioni

Lo sguardo evitante può indicare un desiderio di nascondere emozioni o intenzioni. Può derivare da timidezza, insicurezza o persino da un tentativo di nascondere la verità. Uno sguardo che evita il contatto visivo può essere interpretato come un tentativo di mantenere una distanza emotiva.

Interpretazione Pratica: Osserva se qualcuno evita costantemente il contatto visivo durante una conversazione. Questo può essere un indicatore di disagio o desiderio di distanza.

**5. Sguardo Rivolto in Basso: Umiltà o Discomfort

Lo sguardo rivolto in basso può indicare umiltà o, in alcuni casi, disagio. Quando una persona abbassa gli occhi, può essere un segnale di rispetto o modestia. Tuttavia, in certe situazioni, può anche rivelare mancanza di fiducia o insicurezza.

Interpretazione Pratica: Valuta il contesto e il tono generale della situazione. Uno sguardo rivolto in basso può essere un gesto di rispetto, ma può anche suggerire insicurezza.

**6. Sguardo di Sospetto: Esprimere Difensività

Uno sguardo sospettoso è caratterizzato da un leggero stringimento delle palpebre e una certa tensione attorno agli occhi. Questo tipo di sguardo indica spesso difensività o sospetto nei confronti degli altri. Può essere un segnale di cautela o di ricerca di dettagli che possono passare inosservati.

Interpretazione Pratica: Incontri uno sguardo sospettoso? Cerca di capire il contesto e se ci sono motivi di preoccupazione o sfiducia reciproca.

**7. Sguardo Laterale: Esplorare Curiosità e Timidezza

Lo sguardo laterale può avere diverse interpretazioni a seconda del contesto. Può esprimere curiosità o timidezza. Se una persona guarda lateralmente mentre parla, potrebbe essere in cerca di conferme o valutando la reazione degli altri.

Interpretazione Pratica: Se incontri uno sguardo laterale, osserva il contesto e il tono della conversazione. Potrebbe indicare un desiderio di feedback o una timidezza nascosta.

**8. Blinking Rapido: Stress e Tensione

Il battito rapido delle palpebre può essere un segnale di stress e tensione. Quando una persona si sente sopraffatta dalle emozioni o si trova in una situazione stressante, il blinking rapido può manifestarsi come un tentativo inconscio di alleviare la tensione.

Interpretazione Pratica: Osserva il ritmo del blinking durante situazioni intense. Un blinking rapido può suggerire un aumento dello stress emotivo.

**9. Sguardo Sorridente: Gioia e Affetto

Lo sguardo sorridente è un linguaggio universale dell'affetto e della gioia. Quando gli occhi si illuminano con un sorriso sincero, trasmettono calore e positività. Uno sguardo sorridente può creare un'atmosfera di connessione e condivisione di emozioni positive.

Interpretazione Pratica: Osserva gli occhi di qualcuno quando sorride. Uno sguardo luminoso è un segno di gioia sincera.

**10. Occhi Lacrimanti: Vulnerabilità ed Emozione Profonda

Gli occhi lacrimanti sono un segnale evidente di vulnerabilità ed emozione profonda. Le lacrime negli occhi comunicano una gamma di emozioni, dalla tristezza alla felicità intensa. Gli occhi, in questi momenti, diventano un veicolo eloquente per esprimere sentimenti difficili da mettere in parole.

Interpretazione Pratica: Quando incontri occhi lacrimanti, mostra empatia e comprensione. Questo sguardo può essere un invito alla condivisione di emozioni.

Conclusioni: Decifrare il Linguaggio Universale degli Occhi

In conclusione, gli occhi sono strumenti potenti di comunicazione non verbale. Interpretare il linguaggio degli occhi offre una finestra sull'esperienza emotiva degli altri, consentendo una comprensione più profonda delle loro intenzioni e sentimenti. La prossima volta che ti troverai di fronte a qualcuno, sii consapevole dei messaggi che gli occhi trasmettono. Riconoscere e comprendere questo linguaggio universale arricchirà le tue interazioni e ti avvicinerà a una connessione più autentica con il mondo che ti circonda.

CAPITOLO 13: GESTI DI AUTORITÀ - COMANDARE RISPETTO CON LE MANI

Le mani, strumenti versatili e potenti, possono comunicare molto più di quanto immaginiamo. In questo capitolo, esploreremo a fondo i gesti delle mani che trasmettono autorità e rispetto, fornendo chiavi pratiche per utilizzare gesti persuasivi in varie situazioni. Studiare il linguaggio delle mani è essenziale per chiunque desideri comandare rispetto e influenzare positivamente gli altri attraverso la comunicazione non verbale.

Il Potere delle Mani nella Comunicazione:

**1. La Mano Aperta e la Presa di Controllo: Segni di Autorità

La mano aperta è un gesto potente che suggerisce trasparenza e controllo. Una presa di mano salda e sicura trasmette fiducia e autorità. Utilizzare questo gesto in situazioni in cui è importante stabilire un'immediata presenza di leadership.

Applicazione Pratica: Quando stringi la mano di qualcuno, assicurati di avere una presa ferma ma non oppressiva. Questo trasmette un senso di sicurezza e comando.

**2. Gesti di Precisione: Comunicare Decisione e Determinazione

I gesti precisi delle mani, come fare un pizzico o un gesto di penna, possono comunicare decisione e determinazione. Questi gesti dimostrano attenzione ai dettagli e possono essere utilizzati per sottolineare punti cruciali durante una presentazione o una discussione.

Applicazione Pratica: Durante una presentazione, utilizza gesti precisi delle mani per enfatizzare concetti chiave. Questo mostra determinazione e chiarezza nelle tue intenzioni.

**3. Il Pugno Chiuso: Segno di Forza e Risoluzione

Il pugno chiuso è un gesto potente che simboleggia forza e risoluzione. Utilizzato in modo controllato, questo gesto può trasmettere una ferma volontà di perseguire gli obiettivi prefissati. Tuttavia, va usato con cautela per evitare di trasmettere aggressività.

Applicazione Pratica: In situazioni in cui è necessario comunicare risolutezza, utilizza il pugno chiuso con moderazione. Questo gesto sottolinea la tua determinazione.

**4. Gesti di Contenimento: Comunicare Calma e Controllo

I gesti di contenimento, come incrociare le dita o mettere una mano sull'altra, possono comunicare calma e controllo. Questi gesti sono particolarmente utili in situazioni stressanti o conflittuali, poiché trasmettono un senso di sicurezza e controllo emotivo.

Applicazione Pratica: Quando affronti situazioni stressanti, utilizza gesti di contenimento per comunicare calma e controllo. Questo influenzerà positivamente la percezione degli altri.

**5. Mani sulla Scrivania: Dominare lo Spazio e Comandare Rispetto

Posizionare le mani sulla scrivania durante una riunione o un colloquio può comunicare dominio dello spazio e autorità. Questo gesto suggerisce un controllo consapevole della situazione e può influenzare positivamente la percezione degli altri sulla tua leadership.

Applicazione Pratica: Quando sei seduto alla scrivania, posiziona le mani in modo sicuro e consapevole. Questo gesto comunica leadership e controllo.

**6. Gesti Descrittivi: Enfatizzare Concetti Chiave

Utilizzare gesti descrittivi con le mani può enfatizzare concetti chiave e rendere la comunicazione più vivace. Questi gesti aggiungono un elemento visuale alla tua espressione verbale, aumentando l'impatto del tuo messaggio.

Applicazione Pratica: Durante una presentazione, utilizza gesti descrittivi per enfatizzare concetti importanti. Questo catturerà l'attenzione e renderà il tuo messaggio più memorabile.

**7. Mani sui Fianchi: Esprimere Sicurezza e Autorevolezza

Posizionare le mani sui fianchi è un gesto che esprime sicurezza e autorevolezza. Questo gesto apre il petto e mostra un atteggiamento aperto e fiducioso. Utilizza questo gesto quando desideri comunicare una presenza forte e sicura.

Applicazione Pratica: In situazioni in cui vuoi esprimere sicurezza, posiziona le mani sui fianchi con fermezza ma senza apparire minaccioso. Questo gesto comunica autorevolezza.

**8. Il Gesto del Taglio: Imporre Decisioni e Direzione

Il gesto del taglio, eseguito con la mano come una lama affilata, può comunicare la decisione di imporre una direzione o una scelta. Questo gesto è particolarmente utile quando è necessario indicare chiaramente una decisione e un corso di azione.

Applicazione Pratica: Utilizza il gesto del taglio con moderazione durante discussioni importanti per indicare chiarezza e decisione.

**9. Le Dita Intrecciate di Fronte al Corpo: Apertura e Controllo

Intrecciare le dita di fronte al corpo è un gesto che comunica apertura e controllo. Questa posizione apre il petto e trasmette un senso di fiducia e trasparenza. Utilizza questo gesto quando desideri creare un'atmosfera di fiducia e apertura.

Applicazione Pratica: Durante incontri o conversazioni importanti, intreccia le dita di fronte al corpo per comunicare apertura e controllo.

**10. Il Gesto del Puntamento: Indicare Obiettivi e Direzione

Il gesto del puntamento, utilizzando l'indice o la mano aperta per indicare un punto specifico, può comunicare chiarezza sugli obiettivi e la direzione. Questo gesto è efficace quando si desidera focalizzare l'attenzione su un concetto o una decisione chiave.

Applicazione Pratica: Durante presentazioni o riunioni, utilizza il gesto del puntamento per indicare obiettivi chiave. Questo attira l'attenzione e comunica chiarezza.

Conclusioni: Utilizzare le Mani come Strumenti di Comunicazione Potenti

In conclusione, le mani sono strumenti di comunicazione potenti e versatili. Comprendere il linguaggio dei gesti delle mani consente di comandare rispetto, influenzare positivamente gli altri e comunicare in modo persuasivo. Utilizza consapevolmente i gesti delle mani nelle diverse situazioni per potenziare la tua comunicazione non verbale e costruire rapporti più forti e autentici con coloro che incontri. La prossima volta che ti troverai di fronte a una sfida o un'opportunità, ricorda il potere che risiede nelle tue mani e come puoi sfruttarlo per raggiungere i tuoi obiettivi comunicativi.

CAPITOLO 14: VOCI CHE GUIDANO - IL RUOLO DEL TONO E DEL VOLUME NELLA COMUNICAZIONE

La voce, veicolo sonoro delle nostre intenzioni e emozioni, gioca un ruolo cruciale nella comunicazione. In questo capitolo, esploreremo le sfumature del tono e del volume della voce, focalizzandoci su come adattarli per influenzare positivamente gli altri. Capire il potere della voce è essenziale per comunicare con impatto e per guidare le interazioni in modo efficace.

Il Tono della Voce: Un Mondo di Sfumature

**1. Tono Caldo e Accogliente: Creare Connessione

Un tono caldo e accogliente è come un abbraccio sonoro. Questo tono comunica gentilezza e apertura, creando una connessione immediata con chi ascolta. Utilizza questo tono quando desideri instaurare un clima amichevole e accogliente.

Applicazione Pratica: In situazioni sociali o durante presentazioni, adotta un tono caldo per creare un'atmosfera di connessione e conforto.

**2. Tono Energetico e Dinamico: Trasmettere Vitalità

Un tono energetico e dinamico trasmette vitalità e entusiasmo. Questo tono è ideale per situazioni in cui desideri ispirare e motivare gli altri. La sua energia contagiosa può influenzare positivamente l'umore e l'atteggiamento degli ascoltatori.

Applicazione Pratica: Durante discorsi motivazionali o presentazioni vivaci, adotta un tono energetico per trasmettere vitalità e passione.

**3. Tono Calmo e Posato: Comunicare Serenità

Un tono calmo e posato è come una brezza tranquilla che lenisce l'anima. Questo tono è efficace quando si desidera comunicare serenità e controllo. Utilizzalo nelle situazioni in cui la calma e la riflessione sono necessarie.

Applicazione Pratica: In situazioni di tensione o negli incontri difficili, adotta un tono calmo per comunicare serenità e controllo.

**4. Tono Autoritario e Deciso: Guidare con Sicurezza

Un tono autoritario e deciso comunica leadership e sicurezza. Questo tono è efficace quando si desidera guidare con fermezza e imporre decisioni. Tuttavia, va utilizzato con attenzione per evitare di apparire eccessivamente dominante.

Applicazione Pratica: In situazioni di leadership o durante decisioni cruciali, adotta un tono autoritario per guidare con sicurezza.

**5. Tono Empatico e Compassionevole: Mostrare Sensibilità

Un tono empatico e compassionevole è un ponte emotivo tra chi parla e chi ascolta. Questo tono è ideale quando si desidera mostrare sensibilità e comprensione. La sua dolcezza può mitigare situazioni delicate e favorire la connessione emotiva.

Applicazione Pratica: Quando affronti argomenti delicati o persone bisognose di supporto, adotta un tono empatico per mostrare sensibilità.

**6. Tono Ironico e Scherzoso: Aggiungere Leggerezza

Un tono ironico e scherzoso aggiunge leggerezza e umorismo alla comunicazione. Questo tono è utile per creare un'atmosfera rilassata e amichevole. Tuttavia, va usato con cautela per evitare malintesi o offese involontarie.

Applicazione Pratica: In situazioni informali o durante conversazioni amichevoli, adotta un tono ironico per aggiungere leggerezza e umorismo.

Il Volume della Voce: Una Scala di Impatto

**1. Volume Potente e Energico: Catturare l'Attenzione

Un volume potente e energico cattura immediatamente l'attenzione degli ascoltatori. Questo volume è efficace quando si desidera comunicare con forza e determinazione. Tuttavia, va dosato in base al contesto per evitare di apparire invadente.

Applicazione Pratica: In situazioni in cui è necessario catturare l'attenzione, utilizza un volume potente e deciso.

**2. Volume Moderato e Equilibrato: Comunicare Chiarezza

Un volume moderato e equilibrato è la chiave per comunicare chiarezza e coerenza. Questo volume è adatto a una vasta gamma di situazioni, dalla presentazione in pubblico alle conversazioni quotidiane. Mantenere un volume equilibrato trasmette un'immagine di autenticità e controllo.

Applicazione Pratica: Nella maggior parte delle situazioni, utilizza un volume moderato per comunicare con chiarezza e coerenza.

**3. Volume Bassissimo: Creare Intimità e Focus

Un volume bassissimo crea un'atmosfera intima e può essere utilizzato per attirare l'attenzione in modo discreto. Questo volume è ideale quando si desidera creare un ambiente intimo o focalizzare l'attenzione su un punto specifico.

Applicazione Pratica: In situazioni intime o durante conversazioni private, adotta un volume bassissimo per creare un'atmosfera di focus e attenzione.

**4. Volume Crescendo: Costruire Suspense ed Emozione

Un volume che cresce gradualmente può essere utilizzato per costruire suspense ed emozione. Questa tecnica è efficace durante narrazioni coinvolgenti o presentazioni in cui si desidera mantenere alta l'attenzione degli ascoltatori.

Applicazione Pratica: Durante storie coinvolgenti o presentazioni emotive, utilizza un volume crescente per creare suspense ed emozione.

**5. Volume Diminuendo: Concludere con Eleganza

Un volume che diminuisce progressivamente può essere utilizzato per concludere con eleganza. Questa tecnica è efficace quando si desidera trasmettere una conclusione raffinata e chiara. Un volume decrescente suggerisce un termine naturale e trasmette un senso di conclusione.

Applicazione Pratica: Alla fine di discorsi o presentazioni, utilizza un volume che diminuisce per concludere con eleganza.

Adattare il Tono e il Volume alle Situazioni: Un'Arte Sottile

L'arte di adattare il tono e il volume della voce alle diverse situazioni richiede consapevolezza e flessibilità. Essere in grado di modulare la voce in base al contesto e agli obiettivi desiderati è un elemento chiave della comunicazione efficace. Ecco alcune linee guida pratiche per adattare il tono e il volume:

1. Conoscere il Pubblico:

Adatta il tono e il volume in base al pubblico. In situazioni formali, mantieni un tono più neutro e un volume moderato. In contesti informali, puoi sperimentare toni più vivaci e un volume più disteso.

2. Considerare il Contesto:

Valuta il contesto della situazione. In ambienti rumorosi o affollati, potrebbe essere necessario alzare il volume per farsi sentire chiaramente. In situazioni più intime o tranquille, puoi ridurre il volume per creare un'atmosfera di confidenza.

3. Riflettere sul Contenuto:

Il tono e il volume dovrebbero riflettere il contenuto del messaggio. Se stai condividendo informazioni importanti o emotivamente cariche, adatta il tono e il volume per sottolineare l'importanza del messaggio.

4. Praticare la Flessibilità:

Sviluppa la capacità di adattare la tua voce in tempo reale. Pratica diverse tonalità e volumi in situazioni simulate per aumentare la tua flessibilità nella comunicazione.

5. Chiedere Feedback:

Chiedi feedback agli altri sulla tua voce. Questo può darti preziose informazioni su come la tua voce viene percepita e su come potresti migliorare la tua comunicazione non verbale.

Conclusioni: La Voce come Strumento Potente di Comunicazione

In conclusione, il tono e il volume della voce sono strumenti potenti che possono influenzare profondamente la percezione degli altri e guidare le interazioni in modo significativo. Comprendere come modulare la voce in diverse situazioni è una competenza chiave per chiunque desideri comunicare con impatto e autenticità. La prossima volta che ti troverai a comunicare con gli altri, ricorda il potere della tua voce e come puoi utilizzarla per creare connessioni più forti, ispirare fiducia e guidare positivamente le interazioni.

CAPITOLO 15: LA DANZA DEL CORPO - MOVIMENTI CHE RACCONTANO UNA STORIA

Il corpo, con la sua eloquente gamma di movimenti, è un narratore silenzioso di storie. In questo capitolo, esploreremo la danza del corpo e la sua capacità di raccontare una storia, sottolineando l'importanza di una gestualità congruente con il messaggio verbale. Comprendere e padroneggiare questa forma di comunicazione non verbale arricchirà le tue interazioni e renderà la tua espressione più autentica ed efficace.

1. Il Linguaggio Universale del Movimento:

Il corpo parla un linguaggio universale che supera le barriere culturali e linguistiche. I movimenti, dalle espressioni facciali alla postura, sono strumenti potenti per trasmettere emozioni, intenzioni e stati d'animo. La congruenza tra il messaggio verbale e il linguaggio del corpo è fondamentale per una comunicazione autentica e efficace.

Applicazione Pratica: Quando comunichi un messaggio emotivo, assicurati che i tuoi movimenti siano in sintonia con le parole pronunciate. La coerenza tra il linguaggio verbale e quello del corpo aumenta la credibilità e l'empatia.

2. Espressioni Facciali: Il Primo Capitolo della Storia

Le espressioni facciali sono il primo capitolo della storia raccontata dal corpo. Ogni movimento del muscolo facciale contribuisce a dipingere un quadro emotivo. Sorrisi, sopracciglia aggrottate, occhi che si illuminano: ogni dettaglio rivela il nostro stato emotivo e le nostre intenzioni.

Applicazione Pratica: Quando desideri trasmettere gioia, assicurati che il tuo sorriso coinvolga anche gli occhi. Le espressioni facciali autentiche aumentano l'impatto emotivo della tua comunicazione.

3. Postura: Il Ritmo della Narrazione Corporea

La postura del corpo è il ritmo della narrazione corporea. Una postura eretta e aperta comunica fiducia e apertura, mentre una postura chiusa può trasmettere insicurezza o difesa. Utilizzare la postura in modo consapevole consente di modulare il tono emotivo della tua storia corporea.

Applicazione Pratica: Quando vuoi comunicare sicurezza, mantieni una postura eretta e aperta. La tua postura dovrebbe riflettere l'essenza emotiva del tuo messaggio.

4. Gestualità delle Mani: Poesia in Movimento

Le mani sono gli strumenti poetici della danza del corpo. La gestualità delle mani può enfatizzare concetti, aggiungere dettagli e sottolineare l'importanza di un punto. Una gestualità congruente e coordinata con le parole può amplificare il messaggio e rendere la tua comunicazione più coinvolgente.

Applicazione Pratica: Durante presentazioni o conversazioni, utilizza le mani per illustrare concetti chiave. La gestualità delle mani aggiunge una dimensione visiva alla tua storia corporea.

5. Movimenti degli Occhi: Guardare Oltre le Parole

I movimenti degli occhi sono finestre attraverso le quali possiamo guardare oltre le parole. Uno sguardo diretto può comunicare sicurezza e sincerità, mentre uno sguardo evitante può suggerire disagio o mancanza di fiducia. Prestare attenzione ai movimenti degli occhi permette di cogliere dettagli importanti nella danza del corpo.

Applicazione Pratica: Quando interagisci con gli altri, osserva i loro movimenti oculari. Uno sguardo diretto e focalizzato suggerisce un impegno, mentre uno sguardo evitante può indicare nervosismo.

6. Movimenti delle Spalle: Il Peso delle Responsabilità

I movimenti delle spalle possono rivelare il peso delle responsabilità o la leggerezza dell'umore. Spalle curve possono indicare stanchezza o preoccupazione, mentre spalle rilassate possono suggerire tranquillità e fiducia. La consapevolezza dei movimenti delle spalle contribuisce alla coerenza della tua storia corporea.

Applicazione Pratica: Mantieni una consapevolezza della posizione delle tue spalle durante interazioni importanti. Una postura delle spalle aperta comunica apertura e fiducia.

7. Movimenti delle Gambe: Il Ritmo della Storia

I movimenti delle gambe aggiungono il ritmo alla storia corporea. Una camminata sicura e decisa può comunicare determinazione, mentre movimenti frenetici o incerti possono trasmettere ansia o indecisione. La consapevolezza dei movimenti delle gambe contribuisce alla coerenza e all'impatto della tua narrazione corporea.

Applicazione Pratica: Quando vuoi comunicare determinazione, mantieni una camminata sicura e un ritmo costante. I movimenti delle gambe dovrebbero riflettere l'energia e la direzione del tuo messaggio.

8. Movimenti del Collo: Flessibilità nella Narrazione

I movimenti del collo aggiungono flessibilità alla narrazione corporea. Un collo rilassato e flessibile suggerisce apertura e adattabilità, mentre un collo teso può comunicare rigidità o stress. Mantenere un equilibrio nei movimenti del collo contribuisce alla naturalezza e all'autenticità della tua espressione corporea.

Applicazione Pratica: Durante conversazioni impegnative,

assicurati che i movimenti del collo riflettano apertura e flessibilità. Evita movimenti eccessivamente rigidi o tesi.

9. Simmetria e Congruenza: Armonia nella Danza Corporea

La simmetria e la congruenza nei movimenti del corpo creano un'armonia nella danza corporea. Movimenti coordinati e bilanciati contribuiscono alla chiarezza e all'efficacia della tua espressione non verbale. La coerenza tra gesti, espressioni facciali e postura crea una danza corporea armoniosa e comprensibile.

Applicazione Pratica: Quando comunicazioni messaggi complessi, assicurati che i tuoi movimenti siano in sintonia. La congruenza contribuisce alla chiarezza del tuo messaggio.

10. Consapevolezza del Contesto: La Scenografia della Narrazione

La consapevolezza del contesto è la scenografia della narrazione corporea. Adattare i tuoi movimenti al contesto in cui ti trovi è essenziale per una comunicazione efficace. Ciò include considerare il livello di formalità, l'ambiente circostante e la natura dell'interazione.

Applicazione Pratica: Prima di esprimerti attraverso il corpo, valuta il contesto circostante. Adatta i tuoi movimenti al contesto per garantire una comunicazione appropriata.

Conclusione: La Bellezza della Narrazione Corporea

In conclusione, la danza del corpo è una forma di espressione artistica intrinseca a ciascuno di noi. Comprendere il potere dei movimenti corporei e la loro capacità di raccontare una storia arricchisce la nostra comunicazione. La bellezza della narrazione corporea risiede nella sua autenticità e nell'abilità di trasmettere significati complessi senza parole. Ogni gesto, ogni movimento è un capitolo nella storia che stiamo raccontando al mondo. La prossima volta che ti troverai impegnato in un'interazione, ricorda la bellezza della tua narrazione corporea e come puoi rendere la tua storia un'opera d'arte autentica e coinvolgente.

CAPITOLO 16: IL FASCINO DEL SILENZIO - COMUNICARE SENZA PARLARE

Il silenzio, spesso sottovalutato ma potente, è un linguaggio universale che può parlare ai cuori senza proferire una parola. In questo capitolo, esploreremo il potere del silenzio come strumento comunicativo, illustrando come utilizzarlo in modo efficace per creare impatto e suscitare attenzione. La capacità di comunicare senza parlare è una virtù che va oltre le parole e offre un mezzo unico per esprimere emozioni, riflessione e connessione.

1. Il Silenzio come Pausa Significativa:

Il silenzio non è vuoto, ma una pausa significativa nella sinfonia della comunicazione. È durante questi momenti di silenzio che le parole pronunciate trovano spazio per essere assorbite e comprese. Utilizzare il silenzio come pausa riflessiva aggiunge profondità e ponderazione al messaggio trasmesso.

Applicazione Pratica: Durante una conversazione, non temere di lasciare pause di silenzio. Questi momenti consentono alle parole di essere elaborate e possono intensificare l'impatto emotivo del tuo messaggio.

2. Il Potere dell'Attesa:

L'attesa è il terreno fertile del silenzio. Quando sappiamo che qualcosa di significativo sta per accadere, l'attesa crea una tensione emotiva che può essere più potente delle parole stesse. Utilizzare il silenzio per creare attesa attira l'attenzione e rende il momento successivo ancora più significativo.

Applicazione Pratica: Prima di condividere una notizia importante o durante una presentazione, crea un momento di silenzio per creare attesa e catturare l'attenzione del pubblico.

3. La Forza dell'Ascolto Attivo:

Il silenzio può essere un ponte verso l'ascolto attivo. Quando siamo veramente presenti nel momento e ascoltiamo con attenzione, il silenzio diventa uno spazio in cui le parole dell'altro possono risuonare. L'ascolto attivo, accompagnato da brevi momenti di silenzio, indica comprensione e rispetto.

Applicazione Pratica: Quando interagisci con gli altri, pratica l'ascolto attivo. Utilizza il silenzio per riflettere sulle parole dell'altro e mostrare che stai dando vero peso a ciò che dicono.

4. Comunicare Emozioni Profonde:

Il silenzio è un veicolo potente per comunicare emozioni profonde. Ci sono momenti in cui le parole non sono sufficienti per esprimere la complessità dei sentimenti. Utilizzare il silenzio in questi casi trasmette un'intensità emotiva che va al di là delle limitazioni del linguaggio verbale.

Applicazione Pratica: Quando vivi emozioni intense come l'amore, la gratitudine o la tristezza, considera l'uso del silenzio per comunicare la profondità dei tuoi sentimenti.

5. Creare Spazio per la Riflessione:

Il silenzio è un invito alla riflessione. In un mondo frenetico e rumoroso, creare spazi di silenzio consente alle persone di riflettere su ciò che è stato detto e di elaborare le informazioni.

Utilizzare il silenzio per creare spazio per la riflessione può aumentare la comprensione e la memorabilità del tuo messaggio.

Utilizzare il silenzio per creare spazio per la riflessione può aumentare la comprensione e la memorabilità del tuo messaggio.

Applicazione Pratica: Durante presentazioni o incontri, inserisci pause di silenzio per permettere alle persone di riflettere su ciò che è stato condiviso. Questo favorisce la comprensione e l'assimilazione delle informazioni.

6. Sottolineare Momenti di Transizione:

Il silenzio può sottolineare momenti di transizione, rendendoli più significativi. Durante i passaggi chiave di un discorso o di un'esperienza, l'uso del silenzio può concentrare l'attenzione e creare un impatto emotivo.

Applicazione Pratica: Prima di passare a un nuovo argomento o di concludere un discorso, inserisci un breve momento di silenzio per sottolineare la transizione e dare importanza al cambio.

7. Il Silenzio nei Momenti di Condivisione Profonda:

Nei momenti di condivisione profonda, il silenzio diventa un alleato. Quando le parole non sono sufficienti per esprimere completamente un sentimento o un'esperienza, il silenzio può parlare per conto suo. Questi sono i momenti in cui il silenzio diventa il linguaggio dell'anima.

Applicazione Pratica: Quando condividi momenti profondi con gli altri, non aver paura di abbracciare il silenzio. Consentirà alle emozioni di fluire liberamente senza limitazioni verbali.

8. Il Silenzio nella Comunicazione di Gruppo:

Il silenzio può svolgere un ruolo significativo nella comunicazione di gruppo. In situazioni in cui diverse persone contribuiscono alle discussioni, inserire momenti di silenzio può permettere a ognuno di esprimersi senza interruzioni e favorisce la riflessione collettiva.

Applicazione Pratica: Durante riunioni o sessioni di brainstorming, inserisci pause di silenzio per consentire a ciascun partecipante di elaborare le proprie idee prima di passare alla prossima fase.

9. Il Silenzio Come Risonanza Emotiva:

Il silenzio può fungere da risonanza emotiva, amplificando l'impatto di un messaggio. In particolare, nelle situazioni in cui le parole possono risultare superflue o inopportune, il silenzio può trasmettere un significato più profondo.

Applicazione Pratica: In momenti di lutto, di celebrazione o di solennità, considera l'uso del silenzio per permettere alle emozioni di fluire senza l'interferenza delle parole.

10. La Bellezza della Presenza Silenziosa:

La bellezza del silenzio risiede nella sua presenza silenziosa. Quando comunicare senza parlare diventa una forma d'arte, il silenzio diventa la tela su cui dipingere emozioni e pensieri. La consapevolezza della bellezza della presenza silenziosa consente di comunicare in modo autentico e profondo.

Applicazione Pratica: Coltiva la consapevolezza della tua presenza silenziosa. Sii presente nel momento, permettendo al tuo silenzio di parlare con autenticità.

Conclusione: Il Silenzio come Maestro Silente della Comunicazione

In conclusione, il silenzio è un maestro silente della comunicazione, capace di trasmettere significati che vanno al di là delle parole. Imparare a utilizzare il silenzio in modo consapevole arricchisce la tua gamma di strumenti comunicativi, consentendoti di esprimere emozioni, riflessioni e connessione in modi unici e potenti. Il fascino del silenzio risiede nella sua capacità di creare impatto, catturare l'attenzione e comunicare senza la necessità di parole eloquenti. Nella tua prossima interazione, abbraccia il potere del silenzio e permetti che la tua comunicazione vada oltre le parole, parlando direttamente al cuore.

CAPITOLO 17: COMUNICAZIONE NON VERBALE NEL MONDO DIGITALE: NUOVE FRONTIERE

Il mondo digitale ha aperto nuove frontiere nella comunicazione umana, ma ha anche portato con sé sfide uniche nella comprensione dei segnali non verbali. In questo capitolo, esploreremo le dinamiche della comunicazione non verbale in contesti digitali, offrendo strategie per interpretare segnali attraverso schermi e dispositivi. Affrontare efficacemente la sfida della comunicazione non verbale nel mondo digitale è essenziale per creare connessioni autentiche e comprenderci a un livello più profondo, anche attraverso la distanza virtuale.

1. L'Evolvere della Comunicazione in Ambiente Digitale:

La trasformazione del modo in cui ci connettiamo è evidente nell'evolversi della comunicazione digitale. La mancanza di contatto fisico richiede una maggiore attenzione ai segnali non verbali trasmessi attraverso schermi, emoji e altri strumenti digitali. Comprendere questa evoluzione è il primo passo per padroneggiare la comunicazione non verbale in ambienti digitali.

Strategie Pratiche: Adatta il tuo approccio in base al canale di comunicazione. In una videochiamata, presta attenzione all'espressione facciale e alla postura digitale. Nei messaggi scritti, utilizza emoji e punteggiatura per trasmettere il tono desiderato.

2. L'Importanza dell'Espressione Facciale Virtuale:

Nel mondo digitale, l'espressione facciale è spesso rappresentata attraverso emoticon, emoji e GIF animate. Comprendere come interpretare queste espressioni virtuali è fondamentale per cogliere la ricchezza emotiva di una conversazione online. L'uso sapiente di queste rappresentazioni può aggiungere profondità e chiarezza al messaggio trasmesso.

Strategie Pratiche: Familiarizzati con il significato di diverse emoji e emoticon. Utilizza espressioni facciali virtuali per chiarire il tono del tuo messaggio e per esprimere emozioni in modo più vivido.

3. La Gestualità nell'Ambiente Virtuale:

La gestualità, un elemento chiave nella comunicazione non verbale, deve adattarsi all'ambiente digitale. Gesti come l'uso di emoticon con le mani o il movimento del cursore possono aggiungere un elemento di dinamismo alle conversazioni online. Tuttavia, è fondamentale comprendere come questi gesti digitali possano essere interpretati dagli altri.

Strategie Pratiche: Sii consapevole del tuo utilizzo di gesti virtuali. Assicurati che siano appropriati e in sintonia con il contesto della conversazione.

4. Il Ruolo della Postura Virtuale:

Anche se il corpo fisico è assente, la postura virtuale può essere percepita attraverso la disposizione degli elementi visivi in una videochiamata o la posizione di un avatar in un mondo virtuale. La consapevolezza della tua postura digitale può influenzare la percezione che gli altri hanno di te in un contesto online.

Strategie Pratiche: Quando partecipi a videochiamate, assicurati di essere ben visibile e di mantenere una postura che rifletta professionalità e impegno.

5. Il Suono come Elemento Chiave della Comunicazione:

Nel mondo digitale, il suono assume un ruolo centrale nella comunicazione non verbale. Dalle inflessioni vocali alle pause di silenzio, ogni elemento sonoro trasmette informazioni sulla tua emotività e intenzioni. La consapevolezza di come il suono viene percepito può migliorare notevolmente la tua capacità di comunicare efficacemente.

Strategie Pratiche: Presta attenzione alla tua tonalità di voce e alle inflessioni durante le videochiamate. Utilizza pause intenzionali per enfatizzare punti chiave o consentire la riflessione.

6. Il Linguaggio del Testo:

Il testo scritto è diventato una forma predominante di comunicazione online. La scelta delle parole, la punteggiatura e lo stile di scrittura contribuiscono alla comunicazione non verbale attraverso il testo. Comprendere come queste scelte influenzano la percezione è fondamentale per una comunicazione digitale efficace.

Strategie Pratiche: Scrivi in modo chiaro e consapevole. Utilizza la punteggiatura per indicare il tono desiderato e scegli le parole attentamente per evitare fraintendimenti.

7. La Consapevolezza della Distanza Virtuale:

La distanza fisica tra gli individui è sostituita dalla distanza virtuale nel mondo digitale. La posizione delle finestre di videochiamata, la disposizione degli avatar o la gestione degli spazi di commento possono influenzare la percezione della distanza e dell'intimità in un contesto online.

Strategie Pratiche: Considera la disposizione degli elementi visivi durante le videochiamate. Mantieni una distanza virtuale che rispecchi il contesto della conversazione.

8. Il Timing Digitale:

Il momento in cui invii un messaggio, rispondi a un commento o partecipi a una videochiamata ha un impatto significativo sulla comunicazione non verbale. Il timing digitale può influenzare la percezione della tua disponibilità, attenzione e coinvolgimento.

Strategie Pratiche: Sii consapevole del timing delle

tue interazioni online. Rispondi tempestivamente quando appropriato e scegli i momenti giusti per condividere informazioni rilevanti.

9. La Navigazione tra Diverse Piattaforme:

La comunicazione non verbale si estende attraverso diverse piattaforme digitali, ciascuna con le proprie dinamiche e convenzioni. La capacità di navigare agilmente tra queste piattaforme richiede una comprensione approfondita delle specificità di ciascuna e la flessibilità nell'adattare il tuo stile di comunicazione.

Strategie Pratiche: Familiarizzati con le diverse piattaforme digitali che utilizzi. Adatta il tuo approccio in base alle specificità di ciascuna piattaforma.

10. La Creazione di Connessioni Autentiche Online:

Nonostante le sfide, è possibile creare connessioni autentiche online attraverso una comunicazione non verbale consapevole. La sincerità, la chiarezza nelle espressioni virtuali e la coerenza tra i segnali digitali e le intenzioni possono contribuire a instaurare relazioni significative.

Strategie Pratiche: Sii autentico nella tua comunicazione online. Cerca di mantenere coerenza tra il tuo linguaggio non verbale digitale e le tue intenzioni.

Conclusione: La Maestria della Comunicazione Non Verbale nel Mondo Digitale

In conclusione, la comunicazione non verbale nel mondo digitale rappresenta una nuova frontiera che richiede competenze specifiche. Comprendere le dinamiche uniche della comunicazione online consente di sfruttare appieno il potenziale di connessione e comprensione reciproca. Abbracciare le sfide e le opportunità della comunicazione non verbale digitale apre le porte a un mondo di connessioni autentiche, nonostante la distanza fisica. La maestria di questa forma di comunicazione nel mondo digitale arricchisce le interazioni online, rendendo possibile il trasferimento di emozioni, intenzioni e comprensione a livelli sorprendenti.

CAPITOLO 18: ADATTARSI ALLE CULTURE - LINGUAGGIO DEL CORPO IN CONTESTI MULTICULTURALI

Il linguaggio del corpo è una forma di espressione universale, ma la sua interpretazione può variare notevolmente in contesti culturali diversi. In questo capitolo, esploreremo le sfide e le opportunità del linguaggio del corpo in contesti multiculturali, fornendo un approfondimento sulle differenze culturali e strategie pratiche per adattarsi, facilitando così una comunicazione efficace e rispettosa.

1. La Variazione del Linguaggio del Corpo tra Culture:

Ogni cultura ha i suoi codici, le sue norme e le sue interpretazioni del linguaggio del corpo. Gestualità, postura, contatto visivo e distanze personali possono essere interpretati in modo diverso a seconda del contesto culturale. Comprendere questa variazione è fondamentale per evitare fraintendimenti e costruire relazioni significative.

Strategie Pratiche: Acquisisci consapevolezza delle differenze culturali nel linguaggio del corpo attraverso l'osservazione e l'apprendimento diretto. Approfondisci la tua comprensione delle culture coinvolte nelle tue interazioni.

2. Il Significato del Contatto Fisico:

Il contatto fisico è un aspetto delicato del linguaggio del corpo, poiché il suo significato può variare notevolmente da una cultura all'altra. Mentre in alcune culture il contatto fisico è un segno di familiarità e affetto, in altre può essere percepito come invadente o inappropriato. Adattarsi a queste differenze richiede sensibilità culturale.

Strategie Pratiche: Osserva le norme culturali riguardanti il contatto fisico in diverse regioni del mondo. Adatta il tuo approccio in base alle preferenze culturali delle persone con cui interagisci.

3. La Postura come Espressione Culturale:

La postura del corpo è un'espressione culturale significativa. La postura eretta può essere interpretata come segno di fiducia in alcune culture, mentre in altre potrebbe essere vista come un atteggiamento sfidante. Comprendere come la postura viene interpretata nella cultura specifica è cruciale per comunicare intenzioni positive.

Strategie Pratiche: Familiarizzati con la simbologia della postura in diverse culture. Adatta la tua postura per riflettere rispetto e apertura nei confronti delle norme culturali.

4. Il Significato del Contatto Visivo:

Il contatto visivo è un elemento chiave della comunicazione non verbale, ma la sua interpretazione varia notevolmente. In alcune culture, il mantenimento del contatto visivo è segno di sincerità e rispetto, mentre in altre può essere considerato invadente o mancanza di rispetto. Adattarsi a questi diversi approcci richiede un'attenzione particolare.

Strategie Pratiche: Osserva le preferenze culturali riguardo al contatto visivo. Mantieni un equilibrio rispettoso tra il mantenimento del contatto visivo e il rispetto delle norme culturali.

5. La Gestualità e le Differenze Culturali:

La gestualità è un aspetto ricco del linguaggio del corpo, ma le sue interpretazioni possono variare considerevolmente tra culture. Gestire le mani, il linguaggio degli occhi e altri segnali gestuali richiede una comprensione approfondita delle differenze culturali per evitare confusioni e fraintendimenti.

Strategie Pratiche: Studia le differenze culturali nella gestualità. Sii consapevole del significato attribuito a gesti specifici nelle diverse culture e adatta il tuo linguaggio del corpo di conseguenza.

6. Distanza Personale e Spazi Collettivi:

La percezione della distanza personale e la gestione degli spazi collettivi variano tra le culture. In alcune culture, un'ampia distanza personale può essere considerata rispettosa, mentre in altre il contatto ravvicinato è segno di affetto. Adattarsi a questi contesti richiede consapevolezza delle preferenze culturali.

Strategie Pratiche: Rispetta le norme culturali riguardo alla distanza personale. Osserva come le persone interagiscono negli spazi collettivi e adatta il tuo comportamento di conseguenza.

7. La Velocità della Comunicazione:

La velocità della comunicazione, compreso il ritmo del parlare e la rapidità delle azioni, può variare tra culture. Alcune culture valorizzano la comunicazione veloce e l'efficienza, mentre altre danno importanza alla riflessione e alla pazienza. Adattarsi a questi stili richiede flessibilità e consapevolezza.

Strategie Pratiche: Adatta il tuo ritmo di comunicazione alle preferenze culturali. Osserva il modo in cui le persone gestiscono il tempo nelle interazioni e allinea il tuo approccio di conseguenza.

8. La Risposta alle Emozioni:

La manifestazione e la risposta alle emozioni possono variare notevolmente tra le culture. Alcune culture enfatizzano l'espressione aperta delle emozioni, mentre altre promuovono il controllo emotivo. Adattarsi a queste differenze richiede una comprensione delle norme culturali riguardo alle espressioni emotive.

Strategie Pratiche: Osserva come le emozioni sono

manifestate e accolte nelle diverse culture. Adatta il tuo approccio in base alle preferenze culturali, mostrando rispetto per le diverse modalità di espressione emotiva.

9. La Comunicazione Non Verbale nei Contesti Professionali:

Nei contesti professionali multiculturali, la consapevolezza del linguaggio del corpo è particolarmente cruciale. Le dinamiche di potere, le gerarchie e le aspettative possono variare tra culture, e comprendere come questi fattori influenzano la comunicazione non verbale è essenziale per il successo professionale.

Strategie Pratiche: Studia le norme culturali nei contesti professionali delle culture coinvolte. Adatta il tuo linguaggio del corpo per riflettere rispetto e consapevolezza delle dinamiche culturali.

10. La Sensibilità Culturale come Chiave del Successo:

In ultima analisi, la chiave per una comunicazione efficace in contesti multiculturali è la sensibilità culturale. Essere consapevoli delle differenze, mostrare rispetto per le varie prospettive e adattarsi con flessibilità sono elementi fondamentali per costruire connessioni significative.

Strategie Pratiche: Coltiva la tua sensibilità culturale attraverso l'apprendimento costante. Sii aperto al dialogo interculturale e cerca attivamente di comprendere le diverse prospettive.

Conclusione: Navigare tra le Diverse Culture con Rispetto e Consapevolezza

In conclusione, adattarsi alle culture nel linguaggio del corpo richiede consapevolezza, flessibilità e rispetto. Navigare tra le sfide delle differenze culturali può arricchire le interazioni e favorire una comprensione più profonda tra individui provenienti da contesti diversi. La sensibilità culturale diventa così una chiave essenziale per aprire porte, costruire ponti e promuovere una comunicazione efficace in un mondo sempre più interconnesso e multi culturalmente ricco.

CAPITOLO 19: RISOLVERE CONFLITTI - STRATEGIE DI COMUNICAZIONE NON VERBALE

Affrontare i conflitti richiede non solo parole sagge ma anche una padronanza del linguaggio del corpo. In questo capitolo, esploreremo strategie pratiche su come utilizzare la comunicazione non verbale per risolvere conflitti, gestire situazioni tese e promuovere la comprensione reciproca. La capacità di leggere e interpretare il linguaggio del corpo diventa così un elemento chiave nella risoluzione efficace dei conflitti.

1. L'Ascolto Attivo attraverso il Linguaggio del Corpo:

L'ascolto attivo è un fondamento nella risoluzione dei conflitti, e il linguaggio del corpo gioca un ruolo cruciale in questo processo. Mantenere un contatto visivo costante, nodare il capo in segno di comprensione e adottare una postura aperta sono segnali che comunicano attenzione e disponibilità all'ascolto.

Strategie Pratiche: Pratica il contatto visivo costante durante una conversazione conflittuale. Nodare il capo occasionalmente può indicare comprensione senza necessariamente concordare.

2. Postura Aperta e Accogliente:

Una postura chiusa può innescare reazioni difensive. Al contrario, una postura aperta e accogliente invita alla conversazione e alla comprensione reciproca. Mantenere braccia e gambe sbloccate, evitare incroci e tenere una postura eretta indica disponibilità a un dialogo costruttivo.

Strategie Pratiche: Presta attenzione alla tua postura durante i momenti di conflitto. Apri il tuo corpo al dialogo, dimostrando apertura mentale.

3. Espressioni Facciali Empatiche:

Le espressioni facciali trasmettono emozioni e possono influenzare il tono di una conversazione. Mostrare empatia attraverso espressioni facciali come il sorriso compassionevole o l'arcata sopra le sopracciglia può abbassare le barriere emotive e facilitare la risoluzione dei conflitti.

Strategie Pratiche: Sperimenta espressioni facciali empatiche di fronte allo specchio. Identifica quali espressioni possono essere utili in diverse situazioni conflittuali.

4. Gestire lo Spazio Personale:

La gestione dello spazio personale è cruciale durante i conflitti. Evita di invadere lo spazio dell'altro, il che potrebbe essere percepito come minaccioso. Rispettare la distanza personale durante un confronto consente a entrambe le parti di sentirsi più a loro agio e meno vulnerabili.

Strategie Pratiche: Osserva la reazione dell'altro rispetto alla distanza personale. Regola la tua posizione per garantire comfort reciproco.

5. Utilizzare il Contatto Fisico con Sensibilità:

Il contatto fisico, se appropriato, può trasmettere sostegno e comprensione. Una leggera carezza sulla spalla o una stretta di mano calorosa possono rompere il ghiaccio e creare un senso di connessione. Tuttavia, è essenziale utilizzare il contatto fisico con estrema sensibilità, rispettando le preferenze dell'altro.

Strategie Pratiche: Valuta attentamente se il contatto fisico è appropriato nella situazione specifica. Sii consapevole delle preferenze culturali e personali.

6. Sincronizzazione dei Movimenti:

La sincronizzazione dei movimenti può creare un senso di connessione e comprensione reciproca. Ad esempio, adottare una postura simile o riflettere i gesti dell'altro può creare un'armonia non verbale, indicando un livello di accordo e comprensione.

Strategie Pratiche: Osserva i movimenti dell'altro e cerca di sincronizzare sottilmente i tuoi movimenti con i loro. Questo può contribuire a creare un'atmosfera di connessione.

7. Utilizzare il Potere delle Microespressioni:

Le microespressioni facciali possono rivelare emozioni genuine che possono essere difficili da esprimere verbalmente. Osservare queste espressioni durante un conflitto può fornire insight sulle vere emozioni e intenzioni dell'altro, aprendo la strada a una comprensione più profonda.

Strategie Pratiche: Presta attenzione alle microespressioni durante le conversazioni conflittuali. Cerca di interpretare le emozioni sottostanti e rispondi con empatia.

8. La Potenza del Silenzio:

Il silenzio può essere un alleato potente nella risoluzione dei conflitti. A volte, una pausa silenziosa può consentire a entrambe le parti di riflettere e calmarsi. Mostrare la disposizione a sopportare momenti di silenzio può contribuire a ridurre la tensione emotiva.

Strategie Pratiche: Pratica il silenzio consapevole durante le conversazioni conflittuali. Usa il silenzio come uno strumento per favorire la riflessione e la comprensione.

9. Regolare il Tono della Voce:

Il tono della voce può trasmettere emozioni e intenzioni. Durante i conflitti, regolare il tono della voce per renderlo calmo e rispettoso può contribuire a creare un'atmosfera più pacifica e favorevole alla risoluzione.

Strategie Pratiche: Monitora il tuo tono di voce durante le conversazioni conflittuali. Cerca di mantenere un tono calmo e assertivo.

10. Fornire Segnali di Conclusione Positiva:

Alla fine di una discussione, fornire segnali di conclusione positiva può rafforzare la volontà di risolvere il conflitto. Un sorriso, una stretta di mano o un cenno positivo possono indicare che entrambe le parti sono impegnate nella risoluzione e nella costruzione di una relazione più forte.

Strategie Pratiche: Concludi le conversazioni conflittuali con segnali di apertura e positività. Questi gesti possono contribuire a consolidare la volontà di lavorare insieme per risolvere il problema.

Conclusione: Sfruttare il Potenziale della Comunicazione Non Verbale nella Risoluzione dei Conflitti

In conclusione, il linguaggio del corpo è un alleato potente nella risoluzione dei conflitti. Imparare a utilizzare il contatto visivo, la postura, le espressioni facciali e altri segnali non verbali può migliorare notevolmente la capacità di gestire situazioni tese. La comunicazione non verbale diventa così uno strumento chiave per promuovere la comprensione reciproca, risolvere conflitti in modo efficace e costruire relazioni più solide e collaborative.

CAPITOLO 20: INFLUENZA E PERSUASIONE - LE CHIAVI DELLA COMUNICAZIONE NON VERBALE PERSUASIVA

Influenzare e persuadere gli altri attraverso il linguaggio del corpo è un'arte sottile che richiede comprensione, consapevolezza e maestria delle dinamiche non verbali. In questo capitolo, esploreremo strategie avanzate per influenzare positivamente le persone, analizzando esempi pratici di negoziazione e persuasione attraverso il linguaggio del corpo.

1. Creare un'Atmosfera di Connessione:

Prima di iniziare qualsiasi forma di persuasione, è essenziale stabilire un'atmosfera di connessione. Utilizzare il contatto visivo e una postura aperta per indicare fiducia e apertura. Quando gli altri si sentono connessi, sono più inclini ad ascoltare e essere influenzati positivamente.

Esempio Pratico: Durante una presentazione, mantieni il

contatto visivo con il pubblico e adotta una postura aperta. Questo crea un'atmosfera accogliente e predisposta all'ascolto.

2. Sincronizzazione e Riflessione:

La sincronizzazione dei movimenti e la riflessione del linguaggio del corpo dell'altro possono creare una connessione profonda. Adottare una postura simile o rispecchiare sottilmente i gesti dell'interlocutore può favorire l'empatia e rendere la persuasione più efficace.

Esempio Pratico: Se l'altra persona incrocia le braccia, aspetta un momento e fai lo stesso in modo sottile. Questa sincronizzazione crea una connessione inconscia.

3. Linguaggio del Corpo Assertivo:

Un linguaggio del corpo assertivo trasmette fiducia e sicurezza nelle proprie idee. Mantenere una postura eretta, gesti deliberati e contatto visivo diretto indica determinazione e convinzione. L'assertività è un elemento chiave nella persuasione.

Esempio Pratico: Durante una trattativa, mantieni una postura eretta e usa gesti sicuri. Questo trasmette fiducia nei tuoi punti di vista.

4. Utilizzare Gestures Coinvolgenti:

Le gestures coinvolgenti possono enfatizzare i punti chiave e rendere il messaggio più memorabile. Gestire le mani con sicurezza e utilizzare gestures mirate durante una presentazione o una conversazione può attirare l'attenzione e rafforzare la persuasione.

Esempio Pratico: Durante una presentazione, utilizza gestures per sottolineare i punti chiave. Questo rende il tuo messaggio più coinvolgente.

5. Creare un Ambiente Confortevole:

Un ambiente confortevole contribuisce al successo della persuasione. Regolare la distanza personale in modo appropriato, evitare intrusioni nello spazio personale e mantenere un tono di voce piacevole contribuiscono a creare un ambiente favorevole alla persuasione.

Esempio Pratico: Durante una conversazione persuasiva, osserva la distanza personale e adatta il tuo tono di voce per creare un ambiente rilassato.

6. Esprimere Sicurezza con la Postura:

La postura può trasmettere sicurezza e autorità. Mantenere una postura eretta e aperta indica fiducia nelle proprie idee. Una postura sicura può influenzare positivamente la percezione degli altri sulla tua competenza e autorità.

Esempio Pratico: In una situazione di negoziazione, adotta una postura sicura e aperta. Questo indica fiducia e influenza positivamente la percezione degli altri.

7. Utilizzare il Potere del Contatto Fisico:

Il contatto fisico appropriato può rafforzare la persuasione. Una stretta di mano decisa o un tocco leggero sulla spalla possono creare un collegamento emotivo e aumentare l'efficacia della persuasione. Tuttavia, è cruciale utilizzare il contatto fisico con sensibilità e rispetto.

Esempio Pratico: Durante una trattativa, una stretta di mano ferma può trasmettere sicurezza e impegnarsi nella persuasione.

8. Sfruttare il Potere delle Microespressioni:

Le microespressioni facciali possono rivelare le reazioni emotive sottostanti. Osservare attentamente le microespressioni dell'altro durante una conversazione persuasiva può fornire insight preziosi sulla loro risposta e consentire di adattare la strategia di persuasione di conseguenza.

Esempio Pratico: Osserva le microespressioni del tuo interlocutore durante una presentazione persuasiva per valutare la sua reazione.

9. Adottare un Tono di Voce Persuasivo:

Il tono di voce può influenzare notevolmente l'efficacia della persuasione. Un tono calmo, chiaro e convincente trasmette sicurezza e credibilità. Adattare il tono di voce in base al messaggio e al pubblico contribuisce a massimizzare l'impatto persuasivo.

Esempio Pratico: Durante una presentazione persuasiva, varia il tono di voce per sottolineare i punti chiave e mantenere l'attenzione dell'ascoltatore.

10. Concludere con Chiarezza e Sicurezza:

La conclusione di un messaggio persuasivo è cruciale. Concludere con chiarezza e sicurezza rafforza l'impatto del messaggio. Utilizzare gestures decise e un linguaggio del corpo aperto durante la conclusione può sottolineare la determinazione e la persuasione.

Esempio Pratico: Alla fine di una presentazione persuasiva, concludi con gestures chiare e una postura aperta per enfatizzare il messaggio principale.

Conclusione: Diventare un Maestro della Comunicazione Non Verbale Persuasiva

In conclusione, diventare un maestro della comunicazione non verbale persuasiva richiede pratica e consapevolezza. L'abilità di leggere il linguaggio del corpo, sincronizzarsi con gli altri e utilizzare gestures coinvolgenti può aumentare notevolmente l'influenza e la persuasione. Integrando queste strategie nella tua comunicazione non verbale, potrai guidare le interazioni in modo efficace, influenzando positivamente le persone e raggiungendo i tuoi obiettivi con successo.

CAPITOLO 21: IMPATTO DEL LINGUAGGIO DEL CORPO SUL SUCCESSO PROFESSIONALE

Il linguaggio del corpo è un elemento potente che gioca un ruolo cruciale nel successo professionale di un individuo. In questo capitolo, esploreremo come il modo in cui ci esprimiamo non verbalmente può impattare la carriera e fornire consigli pratici su come utilizzare il linguaggio del corpo per avanzare professionalmente.

1. Prima Impressione: La Chiave dell'Incontro Iniziale

La prima impressione è spesso determinante nel mondo professionale. Il linguaggio del corpo durante un incontro iniziale può influenzare notevolmente come si viene percepiti. Mantenere il contatto visivo, offrire una stretta di mano ferma e adottare una postura aperta trasmette fiducia, professionalità e impegno.

Consiglio Pratico: Prenditi il tempo di prepararti mentalmente prima di incontri importanti. Una postura sicura e aperta contribuirà a creare una prima impressione positiva.

2. Comunicazione durante le Riunioni: Sincronizzazione e Coinvolgimento

Le riunioni sono spesso luoghi in cui le dinamiche del linguaggio del corpo possono fare la differenza. Sincronizzare i movimenti con il gruppo, mantenere una postura attenta e utilizzare gestures coinvolgenti possono aumentare l'influenza e la partecipazione. Il coinvolgimento non verbale dimostra interesse e dedizione.

Consiglio Pratico: Osserva la postura degli altri in riunione e cerca di sincronizzarti con il tono dell'incontro. Questa sottile forma di adattamento può migliorare la tua presenza.

3. Leadership e Autorità: La Postura del Successo

Essere percepiti come leader richiede una postura che trasmetta autorità e sicurezza. Mantenere una postura eretta, utilizzare gestures decise e adottare movimenti deliberati comunica fiducia e comando. La postura del successo è particolarmente importante durante presentazioni o momenti di leadership.

Consiglio Pratico: Prima di una presentazione o di assumere un ruolo di leadership, pratica la tua postura per trasmettere sicurezza e autorità.

4. Networking Efficace: L'Arte della Comunicazione Non Verbale

Il networking è fondamentale per la crescita professionale. Durante eventi di networking, il linguaggio del corpo può facilitare o ostacolare la creazione di connessioni significative. Mantenere una postura aperta, utilizzare gestures cordiali e mostrare interesse attraverso il contatto visivo sono chiavi per un networking efficace.

Consiglio Pratico: Durante eventi di networking, fai uno sforzo consapevole per mantenere una postura aperta e coinvolgente. Questo attira l'attenzione in modo positivo.

5. Interviste di Lavoro: L'Importanza della Congruenza

Durante un colloquio di lavoro, la congruenza tra le parole pronunciate e il linguaggio del corpo è fondamentale. Mantenere un contatto visivo diretto, sorridere in modo appropriato e utilizzare gestures moderati può confermare l'onestà e la coerenza del candidato.

Consiglio Pratico: Pratica risposte alle domande tipiche di un colloquio, prestando attenzione al tuo linguaggio del corpo. La congruenza aumenta la tua credibilità.

6. Gestione dello Stress e della Pressione: La Calma nell'Avversità

La gestione dello stress è una competenza preziosa nel mondo del lavoro. Il linguaggio del corpo può essere un indicatore di come una persona gestisce la pressione. Mantenere una postura aperta, respirare in modo regolare e gestire gestures nervosi sono segnali di controllo emotivo e resilienza.

Consiglio Pratico: Pratica tecniche di gestione dello stress, come la respirazione profonda, per mantenere la calma durante situazioni di pressione.

7. Comunicazione con il Team: Creare un Ambiente Positivo

La comunicazione non verbale influisce sulla dinamica del team. Utilizzare gestures positivi, adottare una postura inclusiva e mostrare interesse durante le interazioni quotidiane contribuisce a creare un ambiente di lavoro positivo. La costruzione di relazioni positive con il team è fondamentale per il successo a lungo termine.

Consiglio Pratico: Dedica del tempo a comprendere il linguaggio del corpo dei tuoi colleghi e adatta il tuo comportamento per promuovere un ambiente collaborativo.

8. Presentazioni Efficaci: Coinvolgere l'Audience con il Corpo

Durante presentazioni, il linguaggio del corpo può fare la differenza tra una presentazione noiosa e una coinvolgente. Utilizzare gestures per sottolineare i punti chiave, adottare una postura dinamica e mantenere il contatto visivo con l'audience contribuisce a mantenere l'attenzione e a trasmettere chiarezza.

Consiglio Pratico: Pratica la tua presentazione davanti a uno specchio o registrati per valutare il tuo linguaggio del corpo e apportare miglioramenti.

9. Avanzamento di Carriera: Dimostrare Ambizione

Dimostrare ambizione attraverso il linguaggio del corpo può essere determinante per l'avanzamento di carriera. Mantenere una postura che rifletta determinazione, utilizzare gestures che sottolineino l'impegno e adottare un linguaggio del corpo assertivo può posizionarti come un professionista ambizioso.

Consiglio Pratico: Sii consapevole del tuo linguaggio del corpo durante riunioni e progetti, dimostrando impegno e determinazione.

10. Adattamento Culturale: Sensibilità nell'Ambiente Multiculturale

In un contesto lavorativo globale, la sensibilità culturale è essenziale. Comprendere le differenze nel linguaggio del corpo tra culture diverse evita malintesi e favorisce la comunicazione efficace. La sensibilità culturale è un'abilità che può distinguere un professionista di successo.

Consiglio Pratico: Acquisisci conoscenze sulla comunicazione non verbale in diverse culture. Adatta il tuo linguaggio del corpo per creare connessioni più profonde.

Conclusione: Sfruttare il Potenziale del Linguaggio del Corpo per il Successo Professionale

In conclusione, il linguaggio del corpo è uno strumento potente che può influenzare notevolmente il successo professionale. Consapevolizzare il proprio linguaggio non verbale, adattarlo alle diverse situazioni e utilizzarlo in modo strategico può essere un elemento distintivo nella carriera di un individuo. Integrando queste pratiche nel tuo approccio professionale, potrai sfruttare appieno il potenziale del linguaggio del corpo per avanzare nella tua carriera e raggiungere il successo professionale desiderato.

CAPITOLO 22: RELAZIONI SENTIMENTALI - COSTRUIRE CONNESSIONI PROFONDE ATTRAVERSO LA COMUNICAZIONE NON VERBALE

Nel vasto panorama delle relazioni sentimentali, la comunicazione non verbale riveste un ruolo cruciale nell'instaurare connessioni profonde e autentiche. In questo capitolo, esploreremo le dinamiche del linguaggio del corpo nelle relazioni sentimentali, fornendo consigli pratici su come utilizzarlo per costruire legami più forti e significativi.

1. L'Intimità del Contatto Fisico:

Il contatto fisico è un potente veicolo di espressione emotiva nelle relazioni sentimentali. Un abbraccio sincero, una carezza leggera o il semplice tocco di due mani possono trasmettere affetto, intimità e sostegno emotivo. La consapevolezza del desiderio di contatto fisico e la risposta alle cure del partner contribuiscono a costruire una connessione più profonda.

Consiglio Pratico: Sviluppa la tua sensibilità al desiderio di contatto fisico del partner e rispondi in modo empatico. Piccoli gesti di affetto possono rafforzare la connessione.

2. Contatto Visivo Profondo:

Il contatto visivo è un potente mezzo di connessione emotiva. Uno sguardo profondo può comunicare amore, comprensione e una connessione che va oltre le parole. Durante momenti significativi o conversazioni intime, mantenere il contatto visivo mostra impegno e apertura emotiva.

Consiglio Pratico: Pratica il mantenimento del contatto visivo durante conversazioni significative. Uno sguardo empatico può rafforzare la connessione emotiva.

3. Sincronizzazione dei Movimenti:

La sincronizzazione dei movimenti è un segno di sintonia e connessione profonda. Camminare a passo con il partner, gestire in modo sincronizzato i movimenti delle mani o assumere posture simili durante il relax possono creare una sensazione di unità e armonia.

Consiglio Pratico: Osserva la sincronizzazione naturale dei movimenti con il tuo partner. Sperimenta la sincronizzazione durante attività quotidiane per rafforzare la connessione.

4. Espressioni Facciali Autentiche:

Le espressioni facciali autentiche sono fondamentali per la comprensione emotiva reciproca. Sorridere in modo genuino durante momenti di gioia, esprimere preoccupazione attraverso il volto durante momenti difficili o condividere sguardi di complicità possono costruire una connessione emotiva profonda e autentica.

Consiglio Pratico: Pratica la consapevolezza delle tue

espressioni facciali. Sii autentico nelle tue risposte emotive per stabilire una connessione genuina.

5. Lingua del Corpo durante il Dialogo:

La lingua del corpo durante il dialogo può amplificare o attenuare il messaggio verbale. Mantenere una postura aperta e orientata verso il partner, utilizzare gestures coinvolgenti e rispondere alle emozioni attraverso il linguaggio del corpo possono migliorare la qualità della comunicazione e rafforzare la connessione.

Consiglio Pratico: Osserva il linguaggio del corpo durante le conversazioni importanti. Cerca di adattare il tuo linguaggio del corpo per rispondere emotivamente al partner.

6. Ascolto Attivo con il Corpo:

L'ascolto attivo è fondamentale nelle relazioni sentimentali. Utilizzare il linguaggio del corpo per dimostrare attenzione e interesse durante le conversazioni. Mantenere il contatto visivo, inclinare leggermente il corpo verso il partner e rispondere con gestures di sostegno sono segnali di ascolto attivo.

Consiglio Pratico: Pratica l'ascolto attivo con il linguaggio del corpo. Dimostrare interesse attraverso il tuo corpo può creare una connessione più profonda.

7. Rispetto dello Spazio Personale:

Il rispetto dello spazio personale è cruciale per la comfortabilità nelle relazioni. Essere consapevoli delle preferenze individuali per lo spazio personale, rispettare i confini e regolare il contatto fisico in base alle esigenze del partner contribuisce a costruire una connessione rispettosa.

Consiglio Pratico: Comunica apertamente con il tuo partner riguardo alle preferenze di spazio personale. Il rispetto reciproco rafforza la connessione.

8. Linguaggio del Corpo durante il Conflitto:

Il modo in cui gestiamo il linguaggio del corpo durante i conflitti può influenzare notevolmente il risultato e la qualità della connessione. Evitare il linguaggio del corpo aggressivo, mantenere la calma e utilizzare gestures rassicuranti durante i momenti di tensione può facilitare la risoluzione pacifica dei conflitti.

Consiglio Pratico: Sii consapevole del tuo linguaggio del corpo durante le discussioni conflittuali. Usa gestures di rassicurazione per calmare la situazione.

9. La Forza del Silenzio Condiviso:

Il silenzio condiviso può essere un modo potente per comunicare e connettersi emotivamente. Sedere insieme in silenzio, tenersi per mano senza dover dire una parola o condividere sguardi significativi possono creare una connessione profonda al di là delle parole.

Consiglio Pratico: Dedica del tempo al silenzio condiviso. Trovate momenti di tranquillità insieme per rafforzare la connessione emotiva.

10. Celebrazione attraverso il Linguaggio del Corpo:

Utilizzare il linguaggio del corpo per celebrare i momenti di gioia e realizzazione contribuisce a rafforzare la connessione positiva. Saltare di gioia insieme, abbracciarsi in modo festoso o utilizzare gestures di esultanza durante i traguardi condivisi sottolinea il supporto reciproco e la connessione profonda.

Consiglio Pratico: Celebra i successi del partner con gestures di gioia e entusiasmo. La condivisione di momenti positivi crea una connessione duratura.

Conclusione: Costruire una Connessione Duratura attraverso il Linguaggio del Corpo

In conclusione, il linguaggio del corpo gioca un ruolo fondamentale nella costruzione di connessioni profonde e autentiche nelle relazioni sentimentali. Consapevolizzare e utilizzare il linguaggio del corpo in modo positivo può trasformare la qualità della comunicazione emotiva e rafforzare la connessione tra i partner. Integrando queste pratiche nella vita quotidiana, è possibile costruire una connessione duratura basata sull'amore, sulla comprensione e sulla reciproca crescita.

CAPITOLO 23: IL FUTURO DELLA COMUNICAZIONE NON VERBALE - TENDENZE E SVILUPPI

La comunicazione non verbale è in costante evoluzione, plasmata da scoperte scientifiche, avanzamenti tecnologici e cambiamenti culturali. In questo capitolo, esploreremo il futuro della comunicazione non verbale, analizzando le tendenze emergenti e gli sviluppi che potrebbero definire il modo in cui ci connettiamo emotivamente e socialmente.

1. Tecnologie Innovative e Comunicazione Digitale:

Con il rapido avanzamento della tecnologia, la comunicazione non verbale sta vivendo una trasformazione nel mondo digitale. L'uso di emoji, GIF e altri elementi visivi nelle conversazioni online sta diventando sempre più diffuso. Tali elementi aggiungono un livello di espressione emotiva ai messaggi digitali, compensando la mancanza di segnali non verbali tradizionali.

Scenari Futuri: L'integrazione di tecnologie come la realtà aumentata potrebbe portare a esperienze di comunicazione digitale più immersive, consentendo espressioni facciali virtuali e gesti corporei attraverso dispositivi.

2. Psicologia della Comunicazione Non Verbale:

Le ricerche in psicologia stanno approfondendo la comprensione della comunicazione non verbale e del suo impatto sulla psicologia umana. Nuovi studi potrebbero rivelare aspetti ancora sconosciuti dei segnali non verbali, influenzando la nostra consapevolezza e comprensione delle dinamiche interpersonali.

Scenari Futuri: La psicologia della comunicazione non verbale potrebbe fornire strumenti più precisi per interpretare i segnali e migliorare la consapevolezza emotiva.

3. Intelligenza Artificiale e Riconoscimento dei Segnali:

L'intelligenza artificiale (IA) sta entrando nel campo della comunicazione non verbale con algoritmi di riconoscimento facciale e analisi del linguaggio del corpo. Questi sviluppi potrebbero portare a nuovi strumenti per analizzare e interpretare i segnali non verbali in tempo reale.

Scenari Futuri: Sistemi di IA potrebbero essere utilizzati per migliorare le abilità di comunicazione non verbale delle persone attraverso feedback e suggerimenti personalizzati.

4. Cultura e Diversità nel Linguaggio del Corpo:

Con la globalizzazione, la consapevolezza della diversità culturale nel linguaggio del corpo diventa sempre più cruciale. Futuri studi potrebbero approfondire la comprensione delle differenze culturali e sviluppare nuovi modelli per una comunicazione efficace in contesti multiculturali.

Scenari Futuri: Programmi educativi potrebbero integrare l'insegnamento delle differenze culturali nel linguaggio del corpo, promuovendo la consapevolezza e la comprensione.

5. Neuroscienze e Connessione Mente-Corpo:

La ricerca sulle neuroscienze continua a esplorare la connessione tra mente e corpo, svelando come le esperienze mentali si riflettano nei segnali non verbali. Nuovi studi potrebbero portare a una comprensione più approfondita di come le emozioni e i pensieri influenzino la nostra comunicazione non verbale.

Scenari Futuri: Approfondimenti sulle neuroscienze potrebbero portare a tecniche pratiche per migliorare la consapevolezza e il controllo del proprio linguaggio del corpo.

6. Etica e Privacy nella Comunicazione Non Verbale:

Con la crescente raccolta di dati sulla comunicazione non verbale attraverso tecnologie come il riconoscimento facciale, sorgono questioni etiche e di privacy. Il futuro vedrà probabilmente una maggiore attenzione e regolamentazione per garantire un uso responsabile e consapevole di queste tecnologie.

Scenari Futuri: Potrebbero emergere standard etici e leggi per proteggere la privacy nelle interazioni che coinvolgono la comunicazione non verbale.

7. Applicazioni Pratiche nella Vita Quotidiana:

Il futuro della comunicazione non verbale potrebbe portare a nuove applicazioni pratiche nella vita quotidiana. Dalle interazioni sociali alle situazioni lavorative, l'integrazione consapevole del linguaggio del corpo potrebbe diventare una competenza sempre più riconosciuta e apprezzata.

Scenari Futuri: Programmi di formazione potrebbero offrire strumenti pratici per migliorare le abilità di comunicazione non verbale, promuovendo il benessere e la comprensione reciproca.

8. Sviluppi nell'Istruzione e Formazione:

Il futuro potrebbe vedere una maggiore enfasi sull'istruzione e la formazione nel campo della comunicazione non verbale. Corsi specifici potrebbero essere offerti per aiutare le persone a sviluppare consapevolezza e competenze nel linguaggio del corpo.

Scenari Futuri: I programmi educativi potrebbero includere moduli dedicati alla comunicazione non verbale, riconoscendo la sua importanza nella vita personale e professionale.

9. Comunicazione Non Verbale nei Contesti Professionali:

La comunicazione non verbale potrebbe assumere un ruolo ancora più prominente nei contesti professionali. Capacità di lettura del linguaggio del corpo potrebbero diventare una competenza chiave nella leadership e nella gestione del team.

Scenari Futuri: Corsi di formazione aziendale potrebbero integrare insegnamenti sulla comunicazione non verbale per migliorare la collaborazione e la leadership.

10. Realtà Virtuale e Esperienze Immersive:

La realtà virtuale (RV) potrebbe offrire nuove frontiere nella comunicazione non verbale. Attraverso l'uso di avatar virtuali e ambienti immersivi, le persone potrebbero comunicare non verbalmente in modi che vanno oltre le limitazioni della comunicazione digitale attuale.

Scenari Futuri: Ambienti di realtà virtuale potrebbero diventare spazi di interazione dove il linguaggio del corpo viene riprodotto in modo realistico, consentendo esperienze sociali più coinvolgenti.

Conclusione: Adattarsi e Innovare nel Mondo della Comunicazione Non Verbale

Il futuro della comunicazione non verbale promette di essere affascinante e ricco di opportunità. Mentre la tecnologia continua a avanzare e la comprensione scientifica si approfondisce, sarà essenziale adattarsi a queste nuove dinamiche e innovare nel modo in cui ci connettiamo con gli altri. Integrare consapevolmente il linguaggio del corpo nelle nostre interazioni quotidiane potrebbe diventare una chiave per navigare in questo panorama in evoluzione, consentendo relazioni più profonde, autentiche e significative.

CAPITOLO 24: LA TUA AVVENTURA NEL LINGUAGGIO DEL CORPO - APPLICARE LE CONOSCENZE

Hai completato il tuo viaggio attraverso il mondo del linguaggio del corpo, acquisendo una comprensione approfondita dei segnali non verbali e dei meccanismi sottili che plasmano le nostre interazioni quotidiane. Ora, affrontiamo insieme la fase finale di questa avventura: l'applicazione pratica delle tue nuove conoscenze nel tuo mondo reale.

1. Consapevolezza Costante:

La prima chiave per applicare con successo il linguaggio del corpo nella vita quotidiana è la consapevolezza costante. Osserva te stesso e gli altri in modo attento, cercando i segnali non verbali che hai imparato durante il tuo percorso. La pratica costante ti renderà più abile nel riconoscere e interpretare i segnali, permettendoti di adattarti dinamicamente alle diverse situazioni.

Consiglio Pratico: Dedica alcuni minuti ogni giorno alla riflessione sulle tue interazioni e sul linguaggio del corpo coinvolto. La consapevolezza costante diventerà una seconda natura.

2. Applica l'Empatia nei Rapporti Interpersonali:

L'empatia è un alleato potente nel mondo della comunicazione non verbale. Sforzati di metterti nei panni degli altri, cercando di comprendere le loro emozioni e sentimenti attraverso i segnali non verbali. Questo ti aiuterà a costruire connessioni più profonde e a stabilire rapporti più significativi.

Consiglio Pratico: Pratica attivamente l'ascolto empatico e l'osservazione attenta durante le conversazioni. Cerca di comprendere le emozioni sottostanti attraverso il linguaggio del corpo.

3. Adatta il Tuo Linguaggio del Corpo alle Situazioni:

Ogni situazione richiede un approccio diverso al linguaggio del corpo. Adatta la tua espressione facciale, il tono della voce e i gesti alle circostanze specifiche. Che tu stia partecipando a una riunione di lavoro, a un appuntamento romantico o a una conversazione informale, la tua consapevolezza e flessibilità nel linguaggio del corpo saranno essenziali.

Consiglio Pratico: Prima di entrare in una situazione, rifletti sulle dinamiche coinvolte e preparati a adattare il tuo linguaggio del corpo di conseguenza.

4. Utilizza il Linguaggio del Corpo per Rafforzare la Tua Comunicazione Verbale:

Il linguaggio del corpo e la comunicazione verbale sono alleati potenti quando utilizzati sinergicamente. Sfrutta il tuo nuovo bagaglio di conoscenze per rafforzare il messaggio che stai comunicando verbalmente. Mantieni un contatto visivo sicuro durante una presentazione, utilizza gestures chiare per enfatizzare i punti chiave e regola il tuo tono di voce per trasmettere emozioni appropriate.

Consiglio Pratico: Preparati alle situazioni di comunicazione importante integrando consapevolmente il tuo linguaggio del corpo per supportare il messaggio verbale.

5. Esplora e Amplia il Tuo Repertorio Gestuale:

Il linguaggio del corpo è estremamente vario, e la sua comprensione richiede un repertorio gestuale diversificato. Continua a esplorare e ampliare il tuo bagaglio di gestures. Sperimenta con espressioni facciali, posture del corpo e movimenti delle mani per scoprire quale combinazione funziona meglio in diverse situazioni.

Consiglio Pratico: Pratica davanti a uno specchio o con un amico per acquisire fiducia e padronanza di nuovi gestures.

6. Accogli i Feedback e Continua a Imparare:

Il tuo percorso nel linguaggio del corpo è un viaggio di apprendimento continuo. Accogli i feedback dagli altri con umiltà e usa ogni opportunità per migliorare. La tua disposizione a imparare e a evolvere nel tempo aumenterà la tua competenza nel linguaggio del corpo.

Consiglio Pratico: Chiedi feedback onesti agli amici o ai colleghi sul tuo linguaggio del corpo e utilizza le informazioni per regolare il tuo approccio.

7. Crea un Ambiente di Ascolto Attivo:

Il linguaggio del corpo può essere un veicolo efficace per dimostrare ascolto attivo. Quando interagisci con gli altri, crea un ambiente che incoraggi la comunicazione non verbale. Mantieni il contatto visivo, annuisci per mostrare comprensione e utilizza gestures aperti per esprimere disponibilità.

Consiglio Pratico: Pratica l'ascolto attivo non solo attraverso le parole ma anche attraverso il tuo linguaggio del corpo.

8. Sii Consapevole della Tua Postura:

La postura è uno degli elementi più potenti del linguaggio del corpo. Mantieni una postura aperta e sicura per trasmettere fiducia e autorevolezza. Sii consapevole della tua postura durante le diverse attività quotidiane, dal lavoro agli incontri sociali.

Consiglio Pratico: Osserva la tua postura quando sei seduto, in piedi o in movimento. Fai piccoli aggiustamenti per trasmettere la tua presenza positiva.

9. Celebra i Successi e impara dai Fallimenti:

Ogni successo nel tuo utilizzo del linguaggio del corpo è motivo di celebrazione. Riconosci quando hai creato una connessione più profonda o quando hai gestito con successo una situazione delicata attraverso il linguaggio non verbale. Allo stesso modo, impara dai momenti in cui potresti non aver comunicato in modo efficace e utilizza questi episodi come opportunità di crescita.

Consiglio Pratico: Tieni un diario delle tue esperienze con il linguaggio del corpo, annotando i successi e gli insegnamenti dai momenti più sfidanti.

10. Sii Autentico e Consapevole dell'Altro:

Infine, mantieni sempre l'autenticità nel tuo utilizzo del linguaggio del corpo. Sii te stesso, onesto e consapevole degli altri. La tua autenticità sarà percepita attraverso i segnali non verbali, contribuendo a costruire relazioni sincere e durature.

Consiglio Pratico: Rifletti sulla tua autenticità in diverse situazioni e fai piccoli aggiustamenti se senti di dover adattare il tuo linguaggio del corpo.

Concludiamo il nostro viaggio nel linguaggio del corpo con la consapevolezza che il tuo impegno nell'applicare queste conoscenze può portare a risultati straordinari. La tua capacità di navigare il complesso mondo delle interazioni umane è ora arricchita da uno strumento potente e sottile. Approfitta di questa avventura per migliorare le tue relazioni, avanzare nella tua carriera e sperimentare una connessione più profonda con coloro che incontri sulla tua strada. La tua avventura nel linguaggio del corpo continua, e ogni giorno offre nuove opportunità per mettere in pratica le tue conoscenze e crescere come individuo consapevole e comunicatore efficace. Buon viaggio!

EPILOGO

Mentre le pagine di "Oltre le Parole: Il Segreto del Successo attraverso il Linguaggio del Corpo" giungono alla loro conclusione, ti invito a riflettere su questo viaggio che abbiamo intrapreso insieme. Attraverso l'analisi delle espressioni facciali, la comprensione delle posture e la rivelazione dei segreti nascosti, spero che tu abbia scoperto il potente mondo del linguaggio del corpo.

L'epilogo di questo libro non segna la fine di un viaggio, ma l'inizio di una nuova consapevolezza. Il linguaggio del corpo è un compagno costante nella nostra vita, un narratore silenzioso delle nostre emozioni e intenzioni. Mentre chiudi questo libro, porta con te l'idea che ogni gesto è significativo, che ogni movimento è parte di una storia più ampia.

Durante il nostro viaggio, hai imparato a sintonizzarti con gli altri, a interpretare le microespressioni e a riconoscere la potenza del sorriso persuasivo. Hai esplorato i segreti nascosti nelle gambe e nei piedi, scoprendo un mondo di comunicazione sottolineato da gesti spesso trascurati. Hai compreso la delicatezza delle distanze e imparato a riconoscere la verità dietro le bugie attraverso il linguaggio del corpo.

Questo epilogo non è solo un addio; è un invito a portare avanti ciò che hai imparato. Adotta il linguaggio del corpo come una guida costante nelle tue interazioni quotidiane. Ricorda che ogni gesto che fai e ogni movimento che compi può influenzare la tua comunicazione in modi che potrebbero sorprenderti.

Prenditi il tempo per mettere in pratica gli esercizi proposti, per affinare le tue abilità nel linguaggio del corpo. Sii consapevole di come il tuo corpo si esprime, e sarai in grado di comunicare con gli altri in modi che vanno al di là delle parole.

Questo libro è un invito a essere un comunicatore consapevole, a essere presente nel linguaggio universale che tutti condividiamo. Che tu stia cercando il successo lavorativo, una connessione più profonda nelle relazioni o una comprensione più ampia di te stesso, il linguaggio del corpo sarà il tuo compagno affidabile.

Ringrazio te, lettore, per aver intrapreso questo viaggio con me. Spero che le pagine di questo libro abbiano aperto nuove prospettive, che tu abbia acquisito nuove abilità e che il linguaggio del corpo sia ora parte integrante della tua comunicazione quotidiana.

Nel concludere questo libro, non dimenticare mai il potere delle tue espressioni, dei tuoi gesti e della tua presenza fisica. Il linguaggio del corpo è un'arte senza fine, e la tua avventura continua ogni volta che interagisci con il mondo.

Che il linguaggio del corpo ti guidi verso il successo, l'empatia e la connessione. Buon viaggio, e che ogni tuo gesto racconti la storia straordinaria che sei destinato a vivere.

POSTFAZIONE

Mentre scrivo queste ultime parole, è impossibile non riflettere sul viaggio che abbiamo compiuto insieme attraverso le pagine di "Oltre le Parole: Il Segreto del Successo attraverso il Linguaggio del Corpo". Questo non è solo un libro; è una testimonianza del potere della comunicazione non verbale, una chiave per aprire porte nascoste nelle dinamiche umane.

La postfazione è il punto in cui chiudo la porta di questo libro, ma ti lascio con la chiave. È il momento di dare uno sguardo al retroscena di questa avventura e di considerare cosa potresti portare con te nel tuo viaggio personale.

Abbiamo esplorato insieme la lingua del corpo, da una panoramica sul concetto di lettura mentale fino alla comprensione delle microespressioni facciali, dalla rivelazione dei segreti nascosti nelle gambe e nei piedi fino all'analisi della scienza dietro le distanze comunicative. Ogni capitolo è stato un passo nella comprensione di un linguaggio che, anche se silenzioso, parla volumi.

Questo libro è stato progettato non solo per fornirti informazioni, ma anche per offrirti strumenti pratici. Gli esercizi proposti sono il ponte tra la teoria e la pratica, consentendoti di applicare direttamente ciò che hai imparato. Ti incoraggio a continuare ad esplorare, a sperimentare e a perfezionare il tuo linguaggio del corpo, rendendolo una parte integrante della tua comunicazione quotidiana.

La postfazione è il momento in cui ti invito a considerare come il linguaggio del corpo può influenzare la tua vita. Forse hai acquisito nuove intuizioni sulla tua presenza fisica, forse hai migliorato la tua capacità di interpretare gli altri o forse hai scoperto un nuovo modo di connetterti con il mondo.

La chiave che ti lascio è la consapevolezza. La consapevolezza di te stesso, degli altri e delle sottili danze che avvengono tra di voi. Il linguaggio del corpo è un viaggio senza fine, e la consapevolezza è la bussola che ti guiderà attraverso le varie fasi di questo viaggio.

Ti ringrazio per essere stato un compagno di viaggio fedele. Spero che le pagine di questo libro siano diventate per te un terreno fertile di riflessione e crescita. Ora, mentre ti avvio verso nuove avventure, ti invito a mantenere viva la curiosità, a continuare a esplorare e a lasciare che il linguaggio del corpo arricchisca ogni tua interazione.

Che tu stia intraprendendo nuove sfide professionali, costruendo relazioni significative o semplicemente navigando nel flusso della vita quotidiana, il linguaggio del corpo può essere il tuo alleato prezioso. Che ogni gesto tuo racconti la storia che desideri condividere con il mondo.

Con gratitudine e speranza per le tue future scoperte,
Jolanda Lori

RINGRAZIAMENTO

È con profonda gratitudine che rivolgo i miei ringraziamenti a tutti voi, cari lettori, che avete intrapreso questo viaggio attraverso "Oltre le Parole: Il Segreto del Successo attraverso il Linguaggio del Corpo". Scrivere queste pagine è stato un privilegio, ma condividere questo viaggio con voi è stato un dono prezioso.

Innanzitutto, vorrei esprimere la mia riconoscenza a coloro che hanno scelto di dedicare il loro tempo e la loro attenzione a esplorare il linguaggio del corpo insieme a me. La vostra curiosità e impegno hanno reso queste pagine vive e significative.

Un ringraziamento speciale va a coloro che hanno condiviso le loro esperienze e riflessioni durante questo viaggio. Le vostre storie hanno arricchito il contesto di questo libro, dimostrando che il linguaggio del corpo è veramente universale e tocca le vite in modi unici.

Desidero esprimere la mia gratitudine a coloro che hanno contribuito con il loro supporto e ispirazione. Grazie alla mia famiglia, che ha condiviso la mia passione per l'esplorazione del linguaggio del corpo, e ai miei amici che hanno sostenuto e incoraggiato questo progetto.

Un ringraziamento speciale va al team che ha reso possibile la realizzazione di questo libro. Dall'editor al designer, dal revisore al pubblicista, ognuno di voi ha portato il proprio contributo unico, plasmando questo libro in una testimonianza tangibile della potenza del linguaggio del corpo.

Vorrei esprimere la mia gratitudine alla comunità online che ha condiviso le anticipazioni, le discussioni e le anticipazioni riguardo a questo libro. La vostra partecipazione ha aggiunto una dimensione interattiva a questa esperienza di apprendimento.

Infine, ringrazio ogni lettore che, al di là delle pagine, porterà avanti il messaggio di "Oltre le Parole". Che possiate applicare il linguaggio del corpo nella vostra vita quotidiana, trasformando la vostra comunicazione in un'arte sottile e consapevole.

Grazie di cuore a ciascuno di voi per aver reso possibile questo viaggio. Possa il linguaggio del corpo continuare a illuminare le vostre strade e arricchire le vostre connessioni con il mondo.

Con profonda gratitudine,
Jolanda Lori

INFORMAZIONI SULL'AUTORE

Jolanda Lori

Jolanda Lori è una scrittrice e psicologa clinica italiana, nota per il suo lavoro sul tema del ghosting nelle relazioni interpersonali. Nata a Roma, ha conseguito la laurea in psicologia presso l'Università degli Studi di Roma "La Sapienza" e successivamente un dottorato di ricerca presso l'Università di Padova, specializzandosi in psicologia clinica e psicoterapia.

Dopo aver lavorato come psicologa clinica in varie strutture pubbliche e private, ha deciso di concentrarsi sulla scrittura e sulla divulgazione della sua esperienza professionale attraverso libri e articoli. Il suo lavoro si concentra principalmente sul tema del ghosting nelle relazioni interpersonali, con l'obiettivo di aiutare le persone a comprendere, prevenire e superare il dolore emotivo associato a questo fenomeno.

Il suo primo libro, "Il Silenzio Spezzato: Affrontare il Ghosting e Riprendersi la Propria Vita", è stato accolto positivamente dalla critica e dal pubblico, ottenendo numerosi riconoscimenti e premi. Il libro è stato tradotto in diverse lingue ed è stato un bestseller in Italia e all'estero.

Oltre alla sua attività di scrittrice, Jolanda Lori è anche una relatrice e una formatrice, che tiene corsi e seminari su vari temi legati alla psicologia e al benessere mentale. Ha inoltre collaborato con varie testate giornalistiche italiane e straniere, scrivendo articoli e commentando temi di attualità legati alla psicologia e alla società.

Jolanda Lori è impegnata anche in attività di volontariato e di solidarietà, sostenendo associazioni e iniziative a favore dei più deboli e dei più bisognosi. La sua passione per la psicologia e per la scrittura, unita alla sua sensibilità sociale e alla sua attenzione per il benessere mentale delle persone, la rendono una figura di riferimento nel panorama culturale italiano e internazionale.

LIBRI DI QUESTO AUTORE

Nel Labirinto Delle Emozioni: Gestire Lo Stress, L'ansia, La Depressione E Potenziare L'intelligenza Emotiva Con La Terapia Cognitivo-Comportamentale

"Nel Labirinto delle Emozioni" è un viaggio affascinante ed empatico attraverso il mondo complesso delle emozioni umane. In questo libro, l'autore esperto Jolanda Lori ci guida attraverso le intricate strade delle nostre emozioni, offrendo strumenti pratici per gestire lo stress, l'ansia e la depressione, e allo stesso tempo potenziare la nostra intelligenza emotiva utilizzando l'approccio della Terapia Cognitivo-Comportamentale.

Con una profonda comprensione dell'anatomia delle emozioni, Lori svela come esse influenzino ogni aspetto della nostra vita quotidiana, dalle relazioni personali al benessere mentale e fisico. Utilizzando un linguaggio accessibile e numerosi esempi reali, l'autore ci conduce attraverso i meandri delle emozioni umane, fornendo chiarezza e strategie per affrontarle in modo sano ed efficace.

Questo libro è un'opera unica che combina la conoscenza della Terapia Cognitivo-Comportamentale (CBT) con una profonda riflessione sull'esperienza umana. Lori offre un approccio basato sull'evidenza per affrontare lo stress, l'ansia e la depressione, dimostrando come le nostre emozioni possano essere alleate anziché nemiche del nostro benessere.

Cosa Troverete in Questo Libro:

Esplorazione Profonda delle Emozioni: Lori offre un'analisi dettagliata delle emozioni umane, spiegando come si formano e come influenzano il nostro comportamento.

Gestione Efficace dello Stress e dell'Ansia: Il libro fornisce strategie pratiche per affrontare lo stress quotidiano e l'ansia sociale, con suggerimenti basati su evidenze scientifiche.

Comprendere la Depressione: Lori svela le radici della depressione, offrendo un'analisi comprensiva di questa condizione e suggerimenti per la sua gestione.

Potenziare l'Intelligenza Emotiva: L'autore esplora il concetto di intelligenza emotiva e come svilupparla, migliorando le relazioni e il benessere emotivo.

Approccio Terapeutico Basato su Evidenze: Il libro si basa sull'approccio della Terapia Cognitivo-Comportamentale, un metodo comprovato per affrontare le sfide emotive.

Esempi Pratici e Storie Reali: Lori illustra i concetti con numerosi esempi e storie di persone reali, rendendo il materiale accessibile e coinvolgente.

Strumenti per il Cambiamento Positivo: Il libro offre consigli pratici su come apportare cambiamenti positivi nella tua vita e come affrontare il passato per guarire dalle esperienze traumatiche.

Per Chi è Questo Libro:

"Nel Labirinto delle Emozioni" è un libro per chiunque desideri comprendere meglio se stesso e le proprie emozioni, e apprendere come gestire lo stress, l'ansia e la depressione in modo efficace. È un testo prezioso per coloro che cercano di migliorare le proprie abilità relazionali e sviluppare una maggiore intelligenza emotiva. Con un approccio basato su evidenze scientifiche e una narrazione coinvolgente, questo libro è adatto a lettori di tutte le età e livelli di conoscenza.

Il Potere Della Scelta: Come Liberarsi Dall'alcolismo

"Il Potere della Scelta: Come Liberarsi dall'Alcolismo" di Jolanda Lori è una guida completa e ispirante per chiunque stia lottando con la dipendenza da alcol o desideri supportare un amico o un familiare in questo difficile percorso. Questo libro offre un approccio olistico e basato sull'esperienza personale dell'autrice, che ha trionfato sulla sua dipendenza da alcol. Con una profonda comprensione delle sfide e delle speranze di coloro che cercano la sobrietà, Jolanda Lori fornisce una guida passo dopo passo per abbracciare uno stile di vita sobrio e significativo.

Cosa Puoi Aspettarti da Questo Libro:

Una Visione Chiara della Dipendenza da Alcol: Il libro inizia con una panoramica approfondita della dipendenza da alcol, spiegando i suoi effetti fisici e psicologici. L'autrice offre una comprensione compassionevole delle sfide che i lettori possono affrontare.

Strategie Efficaci per la Sobrietà: Presenta una vasta gamma di strategie per aiutare i lettori a smettere di bere, tra cui consigli pratici, esercizi di auto-riflessione e piani d'azione personalizzati.

Supporto Emotivo e Psicologico: L'autrice mette un'enfasi significativa sull'importanza del supporto emotivo durante il percorso di recupero.

Creazione di un Ambiente di Supporto: Questo libro fornisce dettagli su come modificare l'ambiente circostante per ridurre le tentazioni e promuovere uno stile di vita sobrio, inclusi consigli pratici su come coinvolgere amici e familiari nel processo di recupero.

Esplorazione delle Passioni e degli Interessi: L'autrice incoraggia i lettori a riscoprire e coltivare passioni e interessi trascurati a causa dell'alcolismo, offrendo un capitolo dedicato a questo importante aspetto della vita post-dipendenza.

Guardare al Futuro con Speranza: Il libro conclude con una potente ispirazione per il futuro.

Per Chi È Questo Libro:

Individui Affetti da Dipendenza da Alcol: Questo libro offre una mappa strutturata per il recupero dalla dipendenza da alcol, guidando gli individui attraverso ogni fase del processo e fornendo strumenti concreti per la sobrietà duratura.

Familiari e Amici di Chi Soffre di Dipendenza: Fornisce una comprensione approfondita della dipendenza da alcol e offre suggerimenti su come sostenere in modo efficace i propri cari nel loro percorso di recupero.

Operatori Sanitari e Consulenti: Un'utile risorsa per gli operatori sanitari, i terapisti e i consulenti che lavorano con individui che lottano con la dipendenza da alcol, offrendo approcci pratici e basati sull'esperienza.

Perché Dovresti Leggere Questo Libro:

Questo libro è basato sull'esperienza personale e offre una

prospettiva autentica sulla dipendenza da alcol e sul recupero.

Fornisce una guida pratica e passo dopo passo per affrontare la dipendenza da alcol e costruire una vita sobria e significativa.

Offre strategie efficaci per superare le tentazioni, affrontare le sfide emotive e mantenere una mentalità di gratitudine nella vita di tutti i giorni.

Questo libro è un'ispirante testimonianza della forza umana e della possibilità di una vita trasformata.

"Il Potere della Scelta: Come Liberarsi dall'Alcolismo" di Jolanda Lori è un libro che cambierà la prospettiva sulla dipendenza da alcol e offrirà ai lettori gli strumenti per abbracciare una vita di sobrietà, realizzazione personale e speranza. Che tu stia cercando il tuo percorso di recupero o stia cercando di sostenere qualcun altro nel loro, questa guida compassionevole e informativa è una risorsa essenziale.

Dipendenza Digitale: Scopri La Tua Via D'uscita

Viviamo in un'epoca in cui gli smartphone e i social media sono diventati compagni costanti, parte integrante della nostra vita quotidiana. Ma cosa succede quando questa "connessione" diventa una dipendenza? Quando lo schermo del telefono prende il posto del mondo reale, delle relazioni significative e della nostra salute mentale? È qui che "Dipendenza Digitale: Scopri la Tua Via d'Uscita" di Jolanda Lori entra in gioco.

Questo libro è una guida completa e illuminante per coloro che cercano di affrontare la dipendenza da smartphone e social media e recuperare il controllo della propria vita. L'autrice, Jolanda Lori, esperta nel campo della psicologia e della salute mentale, offre una prospettiva autentica e informativa su come riconoscere, affrontare e superare la dipendenza digitale in un mondo sempre più connesso.

Cosa Troverai in Questo Libro:

Una Guida Passo-Passo: Il libro ti guiderà passo dopo passo attraverso il processo di riconoscimento della dipendenza digitale e ti offrirà strategie pratiche per superarla. Imparerai a identificare i segni di allarme e a sviluppare abitudini più sane nell'uso della tecnologia.

La Scienza Dietro la Dipendenza: Scoprirai la scienza che si cela dietro la dipendenza da smartphone e social media. Jolanda Lori ti spiegherà in modo accessibile come il tuo cervello reagisce a queste tecnologie e perché può essere così difficile staccarsene.

Storie di Successo: Nel libro troverai storie di individui reali che hanno affrontato la dipendenza digitale e hanno riconquistato la loro vita. Queste testimonianze ispireranno e dimostreranno che è possibile superare questa sfida.

Strategie Efficaci: Il libro offre una serie di strategie efficaci per resistere alle tentazioni digitali, sostituire le abitudini dannose e stabilire obiettivi chiari per una vita più bilanciata.

Consigli per il Mantenimento del Progresso: Imparerai come mantenere il tuo progresso e affrontare le ricadute con gentilezza e determinazione. Il libro ti guiderà anche su come gestire situazioni difficili legate alla tecnologia.

Una Vita Libera dai Dispositivi Digitali: Infine, il libro esplorerà i numerosi benefici di una vita libera dalla dipendenza digitale, con storie di lettori di successo che hanno intrapreso il viaggio verso una vita più equilibrata e appagante.

Perché Questo Libro è Importante:

La dipendenza digitale è diventata una sfida pervasiva nell'era digitale, ma questo libro offre una via d'uscita. È un compagno essenziale per chiunque si senta intrappolato dalla tecnologia e desideri recuperare la propria libertà. La sua autenticità, la scienza approfondita e le storie di successo lo rendono una risorsa straordinaria per chiunque voglia riconquistare il controllo della propria vita digitale.

"Dipendenza Digitale: Scopri la Tua Via d'Uscita" non è solo una guida, ma una fonte di ispirazione e di speranza. Jolanda Lori offre un approccio equilibrato e pratico per superare questa sfida, riportando il lettore a una vita più sana, consapevole e gratificante. Questo libro è un investimento nella tua salute mentale, nel tuo benessere e nella tua libertà dalla dipendenza digitale.

Oltre La Tempesta: Affrontare La Separazione Con Ottimismo E Riscoprire La Felicità

"Oltre la Tempesta: Affrontare la Separazione con Ottimismo e Riscoprire la Felicità" è un libro ispirante e pratico scritto da Jolanda Lori, che ti guiderà attraverso un viaggio di trasformazione dopo una separazione. Questo libro non è solo una guida, ma un compagno che ti sostiene mentre affronti il cambiamento e scopri la bellezza di una vita autentica e significativa.

Contenuti Chiave:

Esplorazione Completa della Separazione: Il libro affronta in modo approfondito il processo di separazione, offrendo una comprensione empatica di ciò che si prova in questo momento delicato. Jolanda Lori condivide storie di esperienze personali e consigli pratici per affrontare le sfide emotive e pratiche della separazione.

Crescita Personale e Trasformazione: Attraverso 16 capitoli dettagliati, il libro esplora una vasta gamma di argomenti, tra cui la gestione delle emozioni, la comunicazione costruttiva, la guarigione dopo un tradimento, la ripresa della vita sessuale, la co-genitorialità positiva e molto altro. Ogni capitolo è progettato per aiutarti a crescere e trasformarti attraverso le tue esperienze.

Guida Pratica e Supporto: Ogni capitolo offre esempi pratici, strategie e suggerimenti che possono essere applicati nella vita di tutti i giorni. Gli esercizi di riflessione ti aiuteranno a esplorare i tuoi sentimenti, a identificare i tuoi obiettivi e a pianificare il tuo futuro con fiducia.

Storie di Ispirazione: Il libro presenta storie di individui reali che hanno affrontato la separazione e hanno trovato la forza per ricostruire le loro vite. Queste storie di resilienza e crescita offrono un senso di connessione e speranza, dimostrando che è possibile superare le avversità e riscoprire la felicità.

Autenticità e Amore: Un capitolo finale affronta l'importanza di abbracciare la propria autenticità e di aprire il cuore all'amore dopo una separazione. Ti guiderà a vivere una vita autentica e appagante, costruendo relazioni sincere basate sulla sincerità e sulla connessione.

Scritto con Empatia e Competenza: Jolanda Lori, autrice e esperta nel campo delle relazioni e del benessere, condivide saggiamente la sua conoscenza, combinando la sua esperienza personale con approfonditi studi nel campo. Il tono empatico e incoraggiante del libro ti farà sentire accompagnato in ogni passo del tuo percorso.

Per Chi È Questo Libro:

"Oltre la Tempesta: Affrontare la Separazione con Ottimismo e

Riscoprire la Felicità" è destinato a chiunque stia affrontando una separazione, sia che sia appena iniziata o sia già passato del tempo. È per coloro che cercano sostegno, ispirazione e strumenti pratici per superare le sfide della separazione e per costruire una vita significativa e appagante. Le storie di successo, le strategie pratiche e le riflessioni guidate rendono questo libro una risorsa preziosa per chiunque desideri affrontare il cambiamento con ottimismo e riscoprire la propria felicità interiore.

Risveglio Relazionale: Navigare Le Trasformazioni Amorose Nella Società Moderna: Dal Pensionamento Dai Sentimenti All'ascesa Del Paradiso Terrestre

Il libro "Risveglio Relazionale: Navigare le trasformazioni amorose nella società moderna" offre un'analisi approfondita e coinvolgente sulle dinamiche delle relazioni amorose nel contesto della società odierna. Scritto dall'autrice esperta Jolanda Lori, questo libro affronta in modo audace e provocatorio i cambiamenti culturali e sociali che hanno influenzato i criteri delle relazioni e ha portato molte persone a sentirsi come se fossero entrate in "pensione dai sentimenti".

In questo libro, Lori esplora la sua personale esperienza di risveglio e mette in discussione le aspettative sociali riguardo alle relazioni. Con una scrittura avvincente e una profonda consapevolezza, l'autrice ci guida attraverso un viaggio di autoesplorazione e di riflessione sulla natura delle relazioni amorose.

Attraverso sedici capitoli tematici ben strutturati, l'autrice svela una panoramica completa delle sfide e delle opportunità che affrontiamo nel nostro percorso amoroso. Dal "risveglio dai sentimenti" e il confronto con la società moderna, ai mutamenti culturali e sociali che hanno influenzato i criteri delle relazioni, fino alla ricerca di un paradiso terrestre, ogni capitolo offre un'analisi dettagliata e una prospettiva unica sulle dinamiche relazionali.

Lori esplora anche l'importanza di relazioni autentiche, la sfida della singletudine, le relazioni non tradizionali, le prospettive religiose sulle relazioni, i segni del cambiamento nella società moderna e la percezione di vivere nell'"inferno terreno". Attraverso riflessioni profonde e illuminanti, l'autrice ci guida verso una comprensione più ampia di noi stessi e delle nostre relazioni.

"Risveglio Relazionale" non si limita a offrire una mera analisi teorica, ma offre anche suggerimenti pratici, esempi ed esperienze personali che possono aiutare i lettori a navigare le complessità delle relazioni nella società moderna. Con una scrittura coinvolgente e accessibile, Lori riesce a toccare il cuore dei lettori e a offrire una prospettiva nuova e stimolante sulle dinamiche relazionali.

Questo libro è un'opera imperdibile per chiunque sia interessato ad approfondire la propria comprensione delle relazioni amorose nella società moderna. Che tu stia cercando di superare le sfide delle relazioni passate, di migliorare la tua connessione con il tuo partner attuale o di esplorare nuove prospettive sulle relazioni, "Risveglio Relazionale" ti guiderà attraverso un viaggio di scoperta, guarigione e speranza.

Sia che tu sia un lettore appassionato di saggi psicologici, un ricercatore di nuove prospettive sulle relazioni o semplicemente una persona che desidera approfondire la comprensione di sé e delle dinamiche relazionali, "Risveglio Relazionale" offre un'opportunità unica di esplorazione e crescita personale.

Con il suo stile di scrittura coinvolgente e accessibile, Jolanda

Lori ti guiderà attraverso una serie di temi importanti legati alle relazioni amorose nella società moderna. Attraverso il suo esame approfondito dei cambiamenti culturali e sociali, delle sfide della singletudine, delle relazioni non tradizionali e delle prospettive religiose sulle relazioni, l'autrice ti invita a guardare oltre le convenzioni sociali e a esplorare nuove prospettive sulle relazioni.

Ogni capitolo offre una panoramica completa del tema trattato, fornendo una profonda analisi e una riflessione approfondita. Ma non si tratta solo di teoria. Jolanda Lori condivide esperienze personali, suggerimenti pratici e storie ispiratrici che rendono il libro estremamente coinvolgente ed empatico. Questo ti permetterà di sentirsi compreso e supportato nel tuo viaggio personale verso relazioni più autentiche e soddisfacenti.

Stalking Combattere L'invisibile: Riconoscere, Difendersi E Guarire: Una Guida Completa Per Affrontare Lo Stalking

"Stalking Combattere l'Invisibile" è una guida completa e informativa che offre una panoramica approfondita sul problema dello stalking, concentrandosi sul riconoscimento, la difesa e la guarigione. Scritto da Jolanda Lori, un esperto nel campo, questo libro fornisce un'analisi dettagliata delle diverse forme di stalking e delle sue implicazioni psicologiche ed emotive sulle vittime.

Attraverso 19 capitoli ricchi di informazioni, l'autrice offre strumenti essenziali per identificare e comprendere il fenomeno dello stalking. Dallo stalking fisico al cyber stalking, dai segnali precoci da non ignorare alle misure di sicurezza personali, ogni aspetto viene esplorato in modo esauriente.

Il libro non si limita solo a fornire una panoramica teorica, ma si impegna anche a offrire consigli pratici e risorse per aiutare le vittime di stalking a difendersi e a proteggere la propria sicurezza. Vengono fornite indicazioni sulla raccolta di prove, sulle opzioni legali disponibili e sulle procedure da seguire per ottenere protezione e sostegno.

Inoltre, "Stalking Combattere l'Invisibile" si immerge anche negli effetti psicologici dello stalking, offrendo una comprensione approfondita del trauma, dell'ansia e della depressione che possono derivare da questa forma di violenza. L'autrice fornisce suggerimenti per affrontare tali effetti e per intraprendere un percorso di guarigione personale.

Questo libro è un prezioso compagno per chiunque sia interessato a comprendere meglio il fenomeno dello stalking e per coloro che hanno sperimentato o stanno affrontando questa terribile situazione. Con una scrittura chiara e accessibile, Jolanda Lori offre un supporto emozionale e pratico, guidando i lettori attraverso il processo di riconoscimento, difesa e guarigione.

"Stalking Combattere l'Invisibile" è un punto di riferimento indispensabile per vittime di stalking, amici, familiari e professionisti che desiderano approfondire l'argomento e acquisire strumenti concreti per combattere questa forma di violenza. Prendi il controllo della tua vita e affronta l'invisibile: questa guida ti accompagnerà passo dopo passo lungo il tuo cammino verso la libertà e la guarigione.

Mobbing Devastante: Combattere L'abuso Sul Lavoro E Ricostruire La Propria Vita

"Mobbing Devastante: Combattere l'abuso sul lavoro e ricostruire la propria vita" è un potente e illuminante libro che affronta il tema del mobbing, fornendo una guida completa per riconoscere, affrontare e superare l'abuso psicologico sul posto di lavoro.

L'autrice, Jolanda Lori, esperta di psicologia del lavoro e consulente di carriera, condivide una profonda conoscenza e comprensione del fenomeno del mobbing, basata sia sulla sua esperienza personale che sulla sua formazione professionale. In questo libro, mette a disposizione dei lettori una risorsa essenziale per navigare in un ambiente di lavoro ostile e riconquistare la propria vita e il proprio benessere.

Attraverso un approccio empatico e coinvolgente, Jolanda Lori esplora le diverse forme di mobbing, i segnali premonitori e gli effetti devastanti che può avere sulla salute fisica e mentale delle vittime. Attraverso storie reali e testimonianze di persone che hanno vissuto il mobbing, l'autrice illustra in modo vivido gli impatti emotivi e professionali di questa forma di abuso.

Il libro offre un'analisi approfondita della psicologia del mobbing, esaminando i motivi che spingono i molestatori, il ruolo dei testimoni e gli effetti sulle vittime. Viene dedicata particolare attenzione anche alla gestione del mobbing, fornendo consigli pratici su come affrontare la situazione in modo assertivo, gestire lo stress e mantenere un equilibrio tra lavoro e vita personale.

"Mobbning Devastante" va oltre l'analisi del problema, offrendo anche soluzioni e strategie per la prevenzione e l'intervento. L'autrice esplora il ruolo delle risorse umane, dei colleghi e degli esperti nel contrastare il mobbing e promuovere un cambiamento organizzativo positivo. Vengono forniti consigli su come documentare gli eventi, gestire i conflitti e affrontare il periodo successivo al mobbing, inclusi il recupero emotivo e le eventuali conseguenze legali.

Con uno stile di scrittura accessibile e coinvolgente, Jolanda Lori offre ai lettori una bussola per navigare attraverso l'oscurità del mobbing e trovare la luce della speranza e dell'empowerment. Attraverso esempi pratici, esercizi di riflessione e strategie efficaci, il libro guida i lettori verso la strada della guarigione e della ricostruzione.

Che tu sia un lavoratore che sta vivendo il mobbing, un datore di lavoro che desidera creare un ambiente di lavoro sano o un testimone che vuole intervenire, "Mobbing Devastante" sarà la tua guida fidata per affrontare questa sfida complessa e affrontare il mobbing con coraggio, resilienza e determinazione.

Non lasciare che il mobbing ti definisca. Prendi in mano la tua vita e ricostruisci un futuro luminoso e privo di abusi sul lavoro. "Mobbing Devastante: Combattere l'abuso sul lavoro e ricostruire la propria vita" sarà il tuo compagno di viaggio in questa importante trasformazione.

Zombieing Digitale : Riprendi Il Controllo Delle Tue Relazioni, Ricostruisci La Tua Autostima E Vivi Una Vita Piena Di Connessioni Sane E Significative

"Zombieing Digitale" è una guida completa e dettagliata che ti aiuterà a riconoscere, affrontare e superare lo zombieing nelle relazioni digitali. Scritto da Jolanda Lori, un esperto nel campo delle dinamiche relazionali e del benessere emotivo, questo libro offre strumenti pratici e strategie efficaci per riprendere il controllo delle tue relazioni online e creare una vita piena di connessioni sane e significative. Nell'era digitale in cui siamo sempre più connessi tramite social media, app di messaggistica e incontri online, lo zombieing è diventato un fenomeno diffuso che può causare stress emotivo e danneggiare l'autostima. "Zombieing Digitale" ti guida attraverso il processo di comprendere le dinamiche dello zombieing, come identificare i segnali di allarme e come rispondere in modo efficace per proteggerti e ripristinare la tua autostima. Attraverso una combinazione di approfondite ricerche, esperienze personali e consigli pratici, Jolanda Lori ti fornisce le conoscenze necessarie per comprendere le ragioni dietro lo zombieing e come evitarlo. Imparerai a stabilire confini sani nelle relazioni digitali, a comunicare in modo assertivo ed empatico e a sviluppare una solida autostima che ti permetta di navigare con sicurezza nel mondo online. Questo libro ti guiderà passo dopo passo nella tua trasformazione, offrendoti strumenti per ricostruire la tua autostima e creare relazioni più autentiche e soddisfacenti. Scoprirai come gestire le situazioni di zombieing, come affrontare l'autocritica e il giudizio negativo, e come sperimentare una vera connessione con gli altri senza compromettere il tuo benessere emotivo. "Zombieing Digitale" è ricco di esempi reali, esercizi pratici e strategie comprovate per aiutarti a superare le sfide delle relazioni digitali e a costruire una vita piena di connessioni significative. Che tu stia cercando di risolvere le ferite dello zombieing passato o desideri proteggerti da futuri episodi, questo libro sarà la tua guida di fiducia verso la guarigione, la crescita personale e la creazione di relazioni online più sane e gratificanti. Sia che tu sia un giovane adulto che sta navigando nel mondo degli appuntamenti online, un professionista che desidera costruire relazioni significative sul luogo di lavoro o semplicemente una persona che vuole comprendere meglio le dinamiche delle relazioni digitali, "Zombieing Digitale" è un libro indispensabile che ti accompagnerà in un viaggio di autodiscovery e ti fornirà gli strumenti necessari per vivere una vita appagante, piena di connessioni autentiche e gratificanti.

Nel Vortice Dell'orbiting: Come Evitare Di Essere Intrappolati In Relazioni Senza Futuro

Nel vortice dell'orbiting è un libro di Jolanda Lori che si

concentra su un problema relazionale sempre più diffuso: l'orbiting. Molte persone hanno sperimentato questa forma di comportamento passivo-aggressivo in cui un partner o un amico continua a tenere sotto controllo la tua vita sui social media, risponde solo occasionalmente ai tuoi messaggi e sembra disinteressato alle tue attività e ai tuoi obiettivi.

Il libro fornisce un'analisi approfondita dell'orbiting, esplorando le sue cause, le sue conseguenze e le sue implicazioni emotive. L'autrice fornisce anche consigli pratici su come evitare di cadere nella trappola dell'orbiting, come difendersi da questo tipo di comportamento e come costruire relazioni sane e autentiche.

Attraverso esempi di vita reale e una vasta gamma di ricerche sulle dinamiche delle relazioni, Lori offre un approccio fresco e innovativo a un fenomeno sempre più comune nella società moderna. Nel vortice dell'orbiting è un'opera indispensabile per chiunque stia cercando di capire e affrontare l'orbiting, e per coloro che cercano di costruire relazioni sane e significative nella loro vita.

Il Silenzio Spezzato: Affrontare Il Ghosting E Riprendersi La Propria Vita

Il Silenzio Spezzato: Affrontare il Ghosting e Riprendersi la Propria Vita, di Jolanda Lori, è un libro che esplora il fenomeno del ghosting nelle relazioni e fornisce ai lettori le conoscenze e le strategie necessarie per affrontarlo e superarlo.

Il ghosting è un comportamento in cui una persona termina una relazione o smette di comunicare con l'altra persona senza alcuna spiegazione o avviso. Questo comportamento può essere doloroso e traumatico per la persona che lo subisce, e può avere effetti negativi sulla salute mentale e sulle relazioni future.

Il libro di Jolanda Lori esplora i diversi aspetti del ghosting, tra cui le cause, le conseguenze e i modi per prevenirlo e affrontarlo. La Lori analizza le diverse fasi del ghosting e fornisce ai lettori una comprensione approfondita di questo comportamento.

Inoltre, Il Silenzio Spezzato offre una serie di strategie e tecniche per aiutare i lettori a gestire il dolore emotivo causato dal ghosting. Queste strategie includono la cura di sé, il supporto di amici e familiari, l'evitare di cercare spiegazioni insoddisfacenti e la concentrazione sulle attività preferite.

Il libro è scritto in modo chiaro e accessibile, con una narrazione coinvolgente e ricca di esempi reali. La Lori utilizza la sua esperienza personale e professionale nel campo della salute mentale per offrire una prospettiva autorevole e informativa sul ghosting.

Il Silenzio Spezzato è un libro utile per chiunque abbia vissuto il ghosting o abbia avuto una relazione con qualcuno che ha fatto ghosting. Il libro offre una guida pratica e consigli preziosi per superare il dolore emotivo e riprendersi la propria vita.

In sintesi, Il Silenzio Spezzato di Jolanda Lori è un libro importante per coloro che desiderano comprendere, prevenire e affrontare il ghosting. Con la sua prospettiva informativa e utile, il libro può aiutare i lettori a superare il dolore emotivo associato al ghosting e a prevenire questa esperienza in futuro.